다산과 추사를 따라간 유배길

다산과 추사가 살아낸 유배 생활
그 고단한 삶의 교집합을 탐구하다

善諛者不忠
好諫者不偕

아첨을 좋아하는 자는 충성하지 못하고
간쟁을 좋아하는 자는 배신하지 않는다.

- 다산 정약용 (목민심서)

歲寒然後

知松柏之後彫也

날이 추워진 뒤라야

소나무와 잣나무가 늦게 시든다는 것을 안다.

- 추사 김정희 (세한도 발문 중, 논어 자한편)

추천사

다산은 조선이 나은 대표적인 학자이자 개혁가이다. 끊임없는 문제의식은 시대와 어울리지 않는 선진적 해결책을 제시하기도 했다. 정조는 그를 총애했지만 동시대를 함께한 주류 선비들에게는 불편한 존재이기도 했을 것이다. 박해를 받은 다산은 강진으로 유배를 떠났고, 그곳에서 『목민심서』와 같은 눈부신 사상 서적을 출간해 후대에 큰 영향력을 미쳤다.

추사 역시 조선이 낳은 천재이다. 그러나 그 역시 정치적 탄압을 받아 제주로 유배를 떠났다. 애환으로 서려 있던 유배지 생활은 그로 하여금 추사체를 고안하게 했다.

저자는 왜 이 두 사람을 비교하며 책을 썼을까? 내가 아는 저자는 37년간의 공직생활 내내 끊임없이 문제를 제기하고 혁신적인 대안을 제시해 온 공직자의 표상이다. 기술직으로 시작해 부산광역시 부시장에 오르는 동안 그의 이러한 표상적 모습이 오히려 수많은 고난과 역경을 가져왔으리라. 그때마다 아마도 저자는 다산과 추사가 감내해야 했던 고통과 서러움을 반추하며 어려움을 극복해 내었을 것이다.

저자는 이제 공직을 떠나 새로운 도전을 시작했다. 다산과 추사가 인생의 후반에서 큰 업적을 남겼듯이, 저자의 후반생이 기대되는 이유가 바로 여기에 있다. 올곧은 공직자의 고민과 정신세계를 읽어볼 수 있는 책이다. 일독을 권한다.

장제국 동서대 총장

선비 공직자였던 김영환 (전)부시장이 역저를 펴냈다. 그의 트레이드 마크인 선하고 밝은 미소는 편안한 인상을 주고 상대도 편하게 한다. 그의 30여 년 공직의 길은 평탄한 길이 아니었다. 실력·소신·청렴을 겸비했기에 그 장점들이 되레 장애물로 나타나곤 했다. 그 내면에는 기술고시 기계직 출신으로 비주류의 길을 걸으며 겪어야 했던 울음도 있었다.

1980년대 초 늦깎이 대학원생으로 10년 세월 뒤쪽의 저자를 만나 그의 실력과 열정에 매료되었다. 1980년대 후반 부산시 출입 기자와 엘리트 계장으로 다시 만나 그의 소신과 청렴을 확인할 수 있었다. 1990년대 중반 덕산정수장 소장 시절 유장한 낙동강을 보며 소주잔을 함께 기울인 기억이 새롭다. 그는 변방의 어려움을 얘기하면서 학자의 길을 가지 못했음을 안타까워했다.

그는 실력과 성실로 변방에서 중심으로 와 기술직, 그것도 기계직이란 협로를 박차고 다양하고 주요한 자리를 맡아 최선을 다한다. 그래서 직원 투표에서 제일 존경받는 상사 자리를 몇 년간 차지하기도 했다.

그러나 그의 내면의 길은 그런 화려한 길과 멀다. 그래서 오랜 시간 다산과 추사를 앞세우고 그 곤비하고 신산한 형극의 길을 따라 걸어왔다. 강진과 대정의 유배 길에서 두 조선 선비의 정신을 교집하면서 자유와 위안을 얻는다. 그를 힘들 때마다 곧추세운 다산과 추사의 정신은 무엇인가?

이 혼란의 시대에 이 책이 던지는 메시지는 강렬하다.

저자와 같이 잠시 유배의 길을 걸으며 자유와 위로를 찾기 바란다.

김종렬 대한적십자사 부산광역시지사 회장, 前 부산일보사 사장

책을 내면서

　다산과 추사, 그들의 삶의 궤적은 유사하기도 하지만 몹시 다른 길을 걸었다. 유배지에서의 삶의 흔적을 쫓아 동시대의 의미를 찾고자 한다. 단순히 그들의 일생을 조명하기보다는 공통적인 유배 생활을 반추하여 현 시대인으로서 그들의 아픔과 집념을 되새겨 보았다.

　강진과 제주의 유배길을 걸으며 그들이 가졌던 생각과 회한을 함께 호흡했다. 다산과 추사의 일생 중 유배기에 한정하여 두 사람의 삶을 조명하였고, 그 처연했던 유배길 속에서 삶의 좌표를 찾아 헤매었다.

　다산과 추사의 유배길은 고뇌의 길이었으며 집념의 길이었다. 단순히 다산과 추사의 행적을 기술하는 것이 아니라 그들의 삶, 유배지에서 느꼈던 그 기억들을 현재에 체화하여 아픔과 쓰라림을 함께하고자 유배길을 따라 걸었다. 일종의 유배 기행인 셈이다. 강진과 대정은 가고, 또 가고 싶은 곳이다. 그곳에 가면 37여 년 공직생활이 파노라마처럼 어른거리기도 하였다. 늘 가슴 속에 품고 그들의 길을 따르려 했다. 힘들고 어려울 때, 그것이 국가적일 때나 개인적일 때나 마음의 위안이었으며 삶의 방향성을 설정해 주는 구원과 같은 곳이었다. 한편으로는 유배의 현장에서 함께 호흡하고 교감하려 해도 여전히 그들에 미치지 못하지만, 지금 이 시대를 사는 소시민으로서 삶의 자세를 다시 가다듬게 된다.

　다산과 추사의 후반생은 이방인, 타자이었다. 나 역시 평생을 바친 공직에서 그만하면 더 바랄 것이 없지만, 조직 내 주류는 아니었다고 하면 지나친 비약일지 모르겠다. 특히 기술자로서의 공직은 지난한 과정이다. 공직, 국민과 시민의 대리자로서 부여받은 그 무거운 책무로 인하여 늘 고민하고 힘들었던 한편, 조직 내적으로도 비주류 공무원으로서 공평한 대우를 받지 못해 때로 분노하고 번민하였다. 그러나 그때마다 삶의 좌표와 마음을 붙들어준 분이 다산과 추사였다. 그들을 통하여 자신을 투영하는, 끊어질 듯 위태롭게 쥐고 있었던 위안이었다.

　2010년부터 시간 나는 대로 강진과 대정을 여행하였다. 수차례 유배길을 따라가며 다산과 추사를 느끼려고 애썼다. 일상이 무력화되는 자괴감 속에서 현상을 어떻게 받아들이고 순응해 나갔는지를 다산과 추사의 행적과 감정을 통하여 복기해 보았다.

　특히 다산과 추사가 동시대인으로서 두 사람을 함께 조명해 보고자 하였다. 과문한 탓인지는 모르겠지만 다산과 추사를 다룬 역작들이 수없이 많았음에도 불구하고 두 사람을 함께 조명한 책은 찾기 어려웠다. 그러나 이 책을 준비하는 동안 2017년 8월 고문헌 연구가 석한남의 『다산과 추사, 유배를 즐기다』라는 책이 마침내 출간되었다. 나만이 이런 생각을 가진 것이 아니었다. 다행히도 석한남의 책은 두 인물의 사실적 조명이었기에 나는 이 작업을 계속할 수 있었다. 2017년 말 공직을 완전히 물러나고 본의 아니게 잠시 공기업에 몸을 담았고, 바쁜 업무로 인하여 이 책의 마무리가 늦어졌다. 졸고가 거의 10여 년 만에 세상에 나올 수 있게 되었다.

다산과 추사, 그 고단한 유배지에서의 삶의 교집합을 탐구하였다. 서로 직접적인 교우는 없었지만 다른 길을 걸었고, 그러면서도 비슷한 행적을 걸었기에 이후 많은 후세 역시 그들의 궤적을 따라가 보고자 하는지 모른다. 유배길을 걸으며 우리는 반복된 일상 속에서 유배와 해배가 부지불식간에 반복되고 있음을 알기란 그다지 어렵지 않다.

따라서 이 책은 다산과 추사의 관계론적 연관성을 찾아보며 떠난 기행문이기도 하지만, 공직자로서 다산과 추사, 그 두 사람과 공유하였던 감정을 정리한 것이라는 게 옳겠다. 따라서 철저하게 사실에 기초한 역사서가 아님을 밝혀 두고자 한다. 그렇다고 역사적 사실을 무시한 것도 아니다. 한시의 번역은 나름대로 생각을 반영하였고, 다수 문학가의 작품을 빌려 소설과 시 속에 나타난 다산과 추사의 모습을 드러내고자 노력하였다. 인문학적 소양은 물론 글쓰기에도 많이 부족한 저자는 이 책에서 인용된 각 작가의 섬세한 시각과 높은 문학성에 존경의 마음을 전한다. 그리고 그런 글을 읽을 수 있었고, 다산과 추사를 함께 느낄 수 있어 행복하였다.

한편, 일반 전문서적과 달리 표와 그림, 사진 표시와 목차는 따로 마련하지 않았으나 독자의 편의를 위해 각주는 전문서적 양식을 따라 쉽게 내용을 이해할 수 있도록 하였고 본문 못지않게 의미를 부여하였다.

석탑이든 폐사지든 명승이든 테마가 있는 여행을 평생 이어온 저자는 기행과 역사, 문학의 영역에서 다산과 추사를 따라가 보고 싶었을 따름이다. 다산과 추사의 유배길에서 위안과 자유를 찾고자 하였다. 유배길을 걸으며 자신에게, 독자에게 끊임없는 질문을 던지고자 했다.

2019년 늦여름
김 영 환

차 례

지나친 시간 압박으로 인해 시간을 온전히 보내지 못하는 우리의 시간을 오염된 시간Contaminated Time 1)이라 한다. 고립되고 정지된 시간 상태에서 세상을 보는 정치한 시선은 가능한 것일까? 그리고 유배지에서의 정지된 시간은 무엇을 의미하는가? 과거와 같이 현재의 우리네 마음은 어디로 귀양 가 또 다른 욕망과 번민을 이어가고 있을까? 무엇을 위해 살고, 무엇을 쫓아 헤매고 있을까?

다산과 추사의 삶

다산 정약용(1762~1836)과 추사 김정희(1786~1856)는 약 20여 년의 연령 차이가 나지만 동시대인이다. 다산이 24년 일찍 태어났고 추사는 다산 사후 20년간을 생존하였다. 두 사람이 겹치는 생존 기간은 50년이다. 당시로는 비교적 장수한 편으로 오랜 유배 기간이 오히려 장수에 도움이 되었는지 모른다. 유배 기간이 힘든 시기이기도 하였겠지만, 어떻게 보면 오히려 공직이라는 업무의 스트레스로부터 벗어나 안분지족한 시기로 볼 수 있기 때문이다. 당시

---

1) 브리짓 슐트, 타임푸어, 더 퀘스트, 2015, p.47.

실학자였던 홍대용(1731~1783)이 52세, 박제가(1750~1815)가 65세, 박지원(1737~1805)이 68세, 이덕무(1741~1793)가 52세까지 살았으니, 다산과 추사는 그들보다 장수하여 70세 이상까지 생존하였다.

다산과 추사의 나이 차이가 24살이 나는 만큼 두 사람의 관계는 직접적으로 나타나는 것은 없고 **초의 선사나 정난주 마리아, 추사의 제자 이상적, 소치 허련, 김만덕 등의 연결고리만을 찾을 수가 있다.** 초의, 추사, 그리고 다산의 둘째 아들 학유는 동갑이고 벗이었다. 그러나 다산과 추사, 두 사람의 유배 기간이 시·공간적으로 가까웠음에도 불구하고 직접 만남은 없었던 것으로 보인다.

다산의 아들 학연과 학유가 아버지의 유배지를 왕래할 때 초의 선사[2](의순, 1786~1866)를 만났고 이들은 평생을 이어 두터운 우정을 나누게 된다.

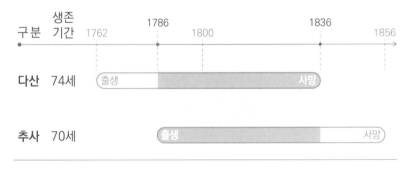

다산과 추사의 겹치는 생존 기간

---

2) 초의 의순은 추사와 같은 해 태어나 추사보다 10년 더 살다 세상을 떠났다.

연 도	다 산	추 사
1801	1차 유배 (경기도 장기)	
	해배 (9개월)	
1801	2차 유배 (전라도 강진)	
1818	해배 (18년)	
1840		1차 유배 (제주도 대정)
1848		해배 (8년 3개월)
1851		2차 유배 (함경도 북청)
1852		해배 (1년)

▨ 다산의 충청도 해미로의 15일간 유배는 제외

다산과 추사의 유배지와 유배 기간

　한편 추사가 초의를 처음 만난 곳은 지금의 경기도 남양주 수락산 학림암에서다. 다산과 교유했던 해붕[3](1717~1790) 노스님과 초의가 함께 학림암에서 기거할 때 추사가 암자를 방문하여 만남이

---

3) 해붕 대선사는 전남 선암사에 주석하였고 초의의 스승으로 추사가 학림암에서 선문답을 나누었던 인물이다.

이루어졌다. 또한 **다산이 혜장 선사(1772~1811)의 주선으로 보은 산방에 기거할 때 초의 선사는 다산으로부터 가르침을 받은 인연도 있다.**

한편, **1809년 봄 초의가 23세이던 해에 다산초당에 있던 47세의 다산을 찾았다.** 초의가 다산을 만났던 기쁨을 이렇게 표현했다.

어진 사람을 찾아 남쪽 사방을 주유하다가
청산의 봄을 아홉 번이나 보냈다.[4]

1818년 **다산이 56세 때 유배에서 돌아와 자신의 방대한 저술에 대한 소위 품평을 요청한 바가 있다. 그중 당시 32세의 추사가 다산에게 편지를 보내었던 게 완당전집**[5]**에 남아있다.** 아마 젊은 혈기가 넘쳤던 추사는 다산이 지나치게 자기중심적 주장을 하고 있다고 반박하였는데 다산과 추사가 편지로 대면한 유일한 사례이다.

그러나 **추사가 42세인 1828년, 평안도 관찰사였던 생부 김노경을 따라 평양에 있을 때 중국을 다녀온 사신으로부터 얻은 수선화를 정**

---

4) 초의가 스승 다산에게 바친 봉정탁옹선생奉呈籜翁先生의 시 일부이다.

5) 1867년(고종 4)에 남상길이 추사의 시집 두 편을 간행하였고, 이듬해인 1868년 남상길·민규호가 완당집을 간행하였다. 그 뒤 1934년 김정희의 현손인 김익환이 완당전집을 완성하였다.

성스레 화분에 담아 다산에게 보낸 적이 있다. 젊은 추사가 다산을 편지로 비판한 지 10년, 그리고 다산이 강진에서 해배되어 나온 지 역시 10년이 지났을 때다. 당대의 석학이며 친구의 아버지인 다산에 대한 깊은 존경의 마음을 담아 보내었다. 이때만 해도 추사 자신이 제주로 유배 가기 전이라 제주도 대정에 지천으로 깔린 게 수선화라는 것을 상상조차 하지 못하였다. 다산은 그 고마움을 여유당전서에 시를 남겼고 다음과 같은 부제를 달았다.

秋晚 金友喜香閣 寄水仙花一本 其盆高麗古器也

늦은 가을에 추사가 고려청자에 심은 수선화를 보내왔다.

다산과 추사는 오랜 기간 유배 생활을 한 공통점이 있지만, 유배 전까지는 극명한 차이가 있다. 다산은 부친을 따라 지방을 전전하였고, 서울서 세를 사는 등 어렵게 살았다. 반면에 추사는 부유한 집안 출신으로 당시로써는 주류사회의 일원이었다. 두 사람 모두 말년에는 유배라는 아웃사이더, 즉 비주류, 이방인으로 마감하였다. 다산은 출발부터 비주류였고, 정반대로 추사는 철저한 주류였던 것이 다른 점 중의 하나일 것 같다.

다산은 18년, 추사는 8년 3개월의 유배 기간을 보냈다. 유배 초기의 적응 단계나 정착한 후 심경의 흐름 역시 추사가 더 힘들어했던 것 같다. 아마 살아온 환경과 정치권으로 복원에 대한 강한 열망의 차이, 그리고 강진보다 절도안치·위리안치가 더해진 대정의 유배환경의 차이가 상당한 영향을 미쳤음을 짐작할 수 있다.

정치적 탄압에 의한 유배의 고통은 가슴 속 깊이 서리고 켜켜이 쌓여 그 아픔이 분노로 화한다. 이를 유분幽憤이라 하였다. 이러한 유분[6]의 표출이 다산의 500여 권의 저작이며, 추사의 추사체로 발현되었다. 유분을 거둘 수 있는 것은 오직 자신뿐이었고, 그러한 고통으로 비롯된 시공의 한계를 벗어나야 하는 것 역시 자신의 몫일 뿐이었다. 기약 없는 정치적 복권을 기대하며 끊임없이 삭이고 또 삭여야만 하는 것이다. 오랜 유배 기간을 견디기 위한 하나의 방편이 혼을 담은 저서와 서체로 이어지면서 유분도 점차 치유되었을 것이다.

---

6) 전남 장흥 출신의 문신으로 이순신 장군의 종사관으로 활약했던 반곡 정경달 (1542~1602)의 저서 난중일기에 다산이 발문으로 쓴 '題盤谷丁公亂中日記' 중 '유분' 이라는 단어가 나온다.

초극은 애초 분노와 불행으로부터 비롯된다. 유배지에서 점점 자신을 다스리고 순화되어 가는 모습은 환경에 적응해 나가는 인간이기에 그 또한 당연하다. 아마 체념으로 나날을 보내고 한이 스러지면서 정화의 과정을 거쳤을 것이다.

이후 다산은 해배되어 만년의 삶을 정리하며 인생에 대한 고백으로 회한과 반성을 남긴 것이 자찬묘지명[7]이었다. 그리고 추사가 세상의 모든 욕망과 번민을 내려놓게 된 것은 봉은사 경판을 보관하는 장경각의 판전[8] 현판이었다. 한 줌 흙으로 돌아감은 모두가 피할 수 없는 숙명이다. 결국은 지금 현재라는 한순간 한순간 최선을 다하라는 자찬묘지명과 '병중작病中作'이라는 판전의 의미가 소중한 것이다. 인생은 하나의 수행과정이며 재수再修가 없다. 생을 마감할 때 여한이나 미련을 남겨서는 안 된다. 따라서 모든 것이 그 마음에 달려있다.

---

7) p.23~24 참조

8) p.28 참조, 추사는 판전 편액을 남기고 사흘 뒤에 타계하였다.

다산의 삶

🖼 다산 정약용 초상화 ⓒ위키백과

　다산의 아버지인 장재원(1730~17 92)의 남 씨 부인으로부터 큰형인 약현, 그리고 윤 씨 부인에게서는 둘째, 셋째 형인 약전과 약종이 있었고, 그 다음이 네 번째 아들인 다산이다. 역시 윤 씨 부인 소생의 딸이 하나 있었는데 당시 중국 연경에서 우리나라 최초로 천주교 세례를 받고 귀국하여 교회를 설립한 이승훈의 부인으로 다산의 누이였다. 가계도에서 따로 표시하지 않았지만 다산 아래 막내 약환(횡)은 김 씨 소생의 서자[9]이다.

　다산은 1762년(정조 38) 지금의 경기도 남양주시 조안면 능내리(마재마을)에서 출생하여 공직에는 27세부터 38세까지, 그 후 유배 기간은 55세까지였다. 어머니 해남 윤 씨는 윤두서[10]의 손녀이다.

9) 정약횡(1785~1829)은 서자라는 신분의 문제보다 특별한 기록이 부족해 가계도에는 나타내지 못했다. 요즘으로 치면 한 고을의 정식 관료가 아닌 의약 담당 계약직 정도의 직위에 근무한 것으로 보인다. 다산은 시문집에 약횡 아우를 위해 주는 글 2편을 남겼다. 주로 공직자가 지켜야 할 근무 자세에 대한 내용이다.

10) 공재 윤두서는 다산의 외조부이다. 각주 38) 참조.

어렸을 때의 이름은 귀농, 약용은 그의 관명[11]이며 다산은 호이다. 1808년 강진 읍내에서 그의 외가의 배려로 산정(다산초당)으로 옮겼는데 주위에 차*가 많이 자라고 있어 다산이라 하였다고 전한다.

다산은 풍산 홍 씨와 결혼하여 학연·학유 두 아들과 딸 하나를 두었다. 황현의 매천야록[12]에서 다산과 강산 이서구[13](1754~1825)와의 대화를 기록하였다. 다산의 어린 시절의 일화로 다산과 관련된 책이면 단골로 나오는 이야기다.

이서구가 어느 날 고향에서 대궐로 오다가 책을 한 짐 지고 가는 한 소년을 만났는데, 열흘쯤 후에 고향으로 돌아가다 또다시 책을 한 짐 지고 오는 소년을 만나 이를 기이하게 여겨 소년 다산에게 물은 내용이다.

"소년은 누구인데 책은 보지 않으면서 책을 지고 번거롭게 왔다 갔

---

11) 관명冠名은 관례를 치르고 어른이 되고 나서 새로 지은 이름을 말한다.

12) 조선 말기 황현黃玹이 1864년(고종 1)부터 1910년까지 47년간의 역사를 편년체로 서술하였다. 6권 7책이며 1894년 이전은 들은 것을 연대순으로 수록하거나, 명확한 연월이 표시되어 있지 않을 뿐만 아니라 사건 내용에 있어서도 연대순이 바뀐 것도 적지 않다. 1894년 이후는 이와는 달리 연월일 순으로 비교적 정확하게 기록되어 있다. 한말에 위정자의 사적인 비리·비행이라든가, 외세의 악랄한 광란, 특히 일제의 갖은 침략상을 낱낱이 드러내고 있으며, 이에 대한 우리 민족의 끈질긴 저항 등이 기술되어 있다. (출처: 한국민족문화대백과, 한국학중앙연구원)

13) 1774년 문과에 급제하여 형조, 호조판서와 우의정까지 올랐고 판중추부사를 지냈다. 이덕무, 유득공과 함께 한시의 4대가로 불린다. 1793년에 이어 1820년 두 차례에 걸쳐 전라관찰사로 일하였던 그는 고창 선운사 마애미륵불의 배꼽 복장에 미래를 적은 비결을 꺼내려 하다 봉변을 당할 뻔했다고 전한다. 56억 7,000만 년 뒤에 찾아올 미래불, 즉 미륵불의 복장비결을 꺼내려 시도한 것이 사실인지 모르겠지만 어쨌든 대담함이 기인이며 실학자다운 그의 면모를 표현한 것 같다.

다 하는가?"라고 물으니, 지고 있는 책을 다 읽었노라 대답하였다. "지고 있는 책은 강목인데 열흘 만에 어떻게 다 읽었느냐"라는 이어진 질문에 "보기만 한 것이 아니라 외울 수도 있다"라고 답한 것을 기록하고 있다.

1795년 4월 주문모 신부사건[14]때 다산은 이 사건과 아무런 관계가 없었으나 정치적 모함을 받고 서울에서 잠시 떠나 있게 된다.

그 후 39세에서 56세까지 무려 18년 동안 전남 강진에서 유배 생활을 하였다. 이때 목민심서를 비롯하여 총 499권의 저서를 남겼으며 현존하는 여유당전서與猶堂全書에 수록되어 있다. 여유당전서에는 경집 232권, 문집 126권, 잡찬 141권 등이 수록되어 있다. 유배 기간을 포함한 일생 동안 총 503권을 저술하였다.

1836년(헌종 2년) 2월 2일 경기도 남양주시 조안면 능내리 여유당 뒤편에 안장되었다.

둘째 형 약전은 흑산도에서 사망하였고 그의 아들 학초는 17세에 요절하였다. 셋째 형인 약종은 정조 사후 천주교도에 대한 박해 시에 순교하였다. 다산의 큰형 정약현의 사위 황사영과 홍재형 역시 순교하였으며, 약현의 처남인 이벽은 다산에게 천주교 서적을 소개한 인물로서 그의 아버지 이부만이 이벽의 천주교 신앙에 반대하며 목을 매 죽자, 이후 이벽은 그 일로 충격을 받아서인지 병사하였다. 이승훈은 우리나라 최초로 영세를 받았다.

---

14) 1795년 4월 중국인 신부 주문모의 밀입국 사건으로 주문모 신부가 몰래 조선에 입국한 책임을 이승훈, 이가환, 정약용에게 씌우고 천주교 신자로 몰아 다산은 좌천된다.

다산 가계도

유네스코는 2012년, 전 세계에 걸쳐 기념 인물 네 사람을 선정한 바가 있다. 장 자크 루소^{Jean Jacques Rousseau}(프랑스 사상가, 1712~1778)와 다산(1762~1836), 그리고 클로드 드뷔시^{Claude Debussy}(프랑스 작곡가 1862~1918)와, 헤르만 헤세^{Hermann Hesse}(독일 작가, 1877~1962)이다. 루소는 다산보다 50년 먼저 태어나 1762년 사회 계약론을 간행했고, 그해에 다산이 태어나 2012년이면 다산 탄생 250주년이었다. 2012년도가 음악가인 클로드 드뷔시의 탄생 150주년이며 독일 작가 헤르만 헤세는 서거 50주년이 되는 해였다.

다산은 유배에서 돌아온 지 4년만인 회갑 때 자신의 묘지명을 지었다. 일생을 정리하며 마지막 고백과 용서를 남겼다. 60년 인생의 모든 죄를 뉘우치면서 지난날을 거두고 생을 다시 시작하겠다고 적었다. 앞서 기술한 대로 추사가 젊은 혈기로 다산이 학문에 있어 지나치게 자기주장을 하고 있다고 반박할 만큼 다산의 견해가 당시로써는 매우 비판적이며 진보적인 입장이었던 것 같다. 자찬묘지명에서 시詩를 간림諫林이라 하여 시경을 교화하는 노래가 아닌 백성들의 사회에 대한 비판적 풍자와 고발로 해석하여 비판이 담긴 언어[15]로 보았다. 단순한 자신의 일생을 정리한 묘지명에조차 시경과 시에 대한 사회비판적 견해를 담았던 것이다.

추사의 삶

🔲 추사 초상화 ⓒ위키백과

　추사의 어린 시절 체제공[16]이 추사의 집 앞을 지나다 추사가 대문에 써 붙인 입춘첩立春帖을 보고, 추사의 부친인 김노경에게 어린 아들이 문장으로 세상에 크고 귀하게 될 것이나 붓으로 명필이 되면 운명이 기구해질 것이라는 예언을 하였고 후에 그것이 그대로 이루어졌다고 볼 수 있다. 후자의 예언대로 제주 대정으로 유배를 가게 되어 예술적 꽃을 피우고, 정치와 격

15) 정병헌·이지영, 『고전문학의 향기를 찾아서』, 돌베개, 2005, p.135. 참고

16) 체재공(1720~1799)은 1743년 관직을 시작하여 영·정조 시대의 관료로서 당시 대표적인 탕평론자였고 영의정까지 올랐다.

리되었지만 반대급부로 당시의 정쟁을 피하고 안분지족을 할 수 있게 된 것이 아닐까. 반면에 박제가는 훗날 학예로 이름을 떨칠 것이라 하였다. 1926년 강효석이 편찬한 대동기문大東奇聞이라는 조선조 역대 인물들의 전기에 나오는 이야기이다. 비록 지어낸 이야기라 해도 실제의 일이 조금씩 변형되어 나타난 결과일 수도 있다. 어쨌든 추사의 천재성을 부각시키기 위함으로 보인다.

추사는 영조의 사위였던 증조부 김한신(1720~1758)의 집인 충남 예산에서 태어났다. 부친 김노경의 장자로 태어나 김노경의 형인 김노영의 후사가 없어 양자로 입적되었다. 생부인 김노경은 예조, 이조, 형조, 병조판서, 대사헌, 평안감사를 역임하였다.

15세에 결혼했으나 5년 후 사별하고 부친이었던 김노경이 순조 9년 동지부사[17]로 북경에 갈 때 외교관의 자식에게 부여되던 자제군관[18]의 자격으로 청나라로 가게 된다. 북경에서 당대 최고의 금석학자 옹방강(1733~1818)과 완원(1764~1849) 등의 학자와 교우하여 큰 영향을 받게 되었다. 이때 78세의 옹방강은 추사를 "경전과 예술, 그리고 문장에 있어 조선에서 가장 빼어나다"라고 평가하였다.

옹방강은 자신의 복초재집復初齋集을 중국 항주 영은사에 한 부, 또한 부는 추사에게 주어 해남 대둔사에 보관하게 하였다. 추사는 이

---

17) 동지부사는 조선시대 명, 청에 보내던 사절단으로 동짓날 전후에 보내던 동지사라는 사신 바로 아래 직위로 대개 연말에 출발하여 북경에 40일에서 60일 정도 체류하다 이듬해 3월 말이나 4월 초 귀국하게 된다.

18) 말 그대로 동지부사의 자제로서 따라가는 군관이라는 직위다.

책과 함께 소영은小靈隱이라는 편액을 함께 써서 대둔사로 보냈다. 다산이 그 소식을 듣고 제자 초의로 하여금 새로 암자를 세워 그 책을 옮겨올 것을 권유한 적이 있다. 다산과 추사의 또 다른 인연이다.

북경에서 귀국한 후 1819년(순조 19) 33세의 나이로 대과에 합격하였다. 41세이던 1827년 예조참의에 임명되는 등 54세 때 제주 대정에 위리안치되기 전까지는 상대적으로 양지의 삶이었다. 관직은 규장각 대교, 충청우도 암행어사, 의정부 검상, 예조참의를 거쳐 성균관 대사성, 병조참판, 형조참판으로 승승장구하다 동지부사의 직위가 끝이었다.

1840년(헌종 6) 윤상도 옥사 사건에 연루되어 여섯 차례의 혹독한 고문과 36대의 곤장을 맞고 제주로 위리안치圍籬安置19)된다. 한양에서 가장 먼 거리인 섬 지방에 격리시키는 절도안치絶島安置에다가 집 주위에 가시나무로 담장을 설치하는 위리안치의 두 가지 유배형이 함께 가해진 것이다.

윤상도(1768~1840)는 1830년(순조 30) 당시 호조판서 박종훈과 유수를 역임한 신위, 어영대장 유성량 등을 탐관오리로 몰아 탄핵을 하다 오히려 역공을 당하여 추자도로 유배되었다. 이후 윤상도 부자가 올렸던 상소문을 추사가 초안을 잡았다는 모함을 당하였다. 뒤에 추사가 배후가 아니었음이 밝혀졌지만, 정치적으로 숙청되어 1840년(헌종 6) 9월 4일 제주도로 유배길을 떠나게 되었다. 제

---

19) 죄인을 유배 장소에서 달아나지 못하도록 가시로 울타리를 만들고 그 안에 가두는 형벌로서 가시나무 대신으로 탱자나무를 사용하기도 한다.

주 대정에서 약 9년여의 유배 끝에 62세 때인 1848년 12월 6일 추사를 석방하라는 왕명에 따라 이듬해인 1849년 1월 7일 대정을 떠난다. 소위 국가적 경사가 있을 때의 특별사면 형식이었다.

제주 대정에서 해배되어 서울 용산 한강 변에서 살다가 1851년 65세 때 다시 북청으로 유배되어 1년간의 유배 생활을 끝으로 말년에 경기도 과천에서 일흔 살의 나이로 세상을 떠났다.

북청 유배는 철종의 증조부인 진종(실제 왕에 오르지 못했으나 사후 추존)의 조천례 사건[20]으로 비롯되었다. 추사의 친구였던 영의정 권돈인, 그리고 추사 본인은 물론 동생인 명희, 상희까지 유배되거나 향리로 쫓겨나는 정치적 탄핵을 받게 되었다.

철종실록에 실린 추사의 졸기卒記[21]에서 추사의 금석학과 서예 등에 대한 국가 차원의 업적을 기술하고, 추사와 추사 일가에 대한 정치적 탄압을 가화家禍로 규정하고 정치적 복권을 인정하였다.

추사는 동생인 명희(1788~1857)와 상희(1794~1861)보다 오래 살았다.

---

20) 조천례란 조천祧遷의 예법에 관한 것이다. 당시 조천이란 제사를 지내는 대수가 다 되어 종묘의 본전에서 다른 사당인 영녕전으로 위패를 옮기는 것으로 헌종 사후 후사가 없어 철종(항렬상 헌종의 숙부뻘)이 왕에 오르니 철종의 증조부 진종의 조천 문제로 논쟁이 일어났다. 추사와 권돈인은 진종이 철종의 증조부이므로 조천할 수 없다고 주장하다 정치적으로 탄핵되었다.(헌종과 철종은 직전과 현직 왕으로서 부자의 도리가 있다 하여 진종은 4대의 제사 대수代數를 넘었다고 보고 조천을 결정했다.)

21) 조선왕조실록 졸기에서 공직자가 세상을 떠나게 되면 그의 생애를 엄격하게 평가하는 기록으로 조선시대의 놀라운 역사 인식을 알 수 있다.

추사 가계도

📖 서울 봉은사 판전 현판

　소설가 김훈은 "봉은사 판전板殿의 낙관 위에 겨우 이어가듯 작은 글씨로 병중작病中作이라는 세 글자의 뜻을 어렴풋이 알 것 같기도 하고, 아파서 겨우 움직인 붓이, 자유는 고난의 소산"22)이라고 말한다. 해

---

22) 한승원의 소설 『추사』의 추천 글 중의 일부이다.

배 후 2년 반 정도 서울서 살다 말년은 과천에서 보내며 생을 마감하였는데, 70세 때 타계 사흘 전에 쓴 마지막 작품이다.

타계 전 4년간 머물렀던 과천의 집을 과지초당瓜地草堂이라 하였고, 스스로 과천에 사는 노인이라는 뜻의 노과老果 혹은 과로果老 등의 호를 지어 사용하였다. 추사의 도장 중 불계공졸不計工拙은 "잘되고 못되고를 따지지 않는다"는 뜻이다. 추사는 막역한 친구 권돈인[23]에게 보낸 편지에서 "나의 글씨는 비록 말할 만한 것은 못 되지만, 70년 동안에 10개의 벼루를 갈아 구멍을 내었고 천 자루의 붓을 몽당붓으로 만들었다."라고 하였다.

吾書雖不足言 七十年 磨穿十研 禿盡千毫[24]

다산의 강진

다산의 1차 유배지였던 경북 포항의 장기는 풍토병이 있는 시골의 황무지 같은 곳이라 하면서도 오히려 그의 정신을 맑게 하여 이

---

23) 권돈인(1783~1859)은 추사보다 세 살 위로 당시 영의정까지 오른 인물이다.

24) 오서수부족언 칠십년 마모십연 독진천호 : 雖(비록 수), 磨(갈 마), 穿(뚫을 천), 研(벼루 연), 禿(벗어질 독), 盡(다될 진), 毫(털 호)

아술爾雅述25)이라는 책을 저술할 수 있었다 했다. 강진이든 장기든 당시도 지금과 마찬가지로 수도권이나 서울지역 사람들의 기타 지역에 대한 막연한 차별이나 편견은 지금과 다름이 없었던 것 같다. 대개 인간은 자기중심적이기 때문에 권력기관이나 학계 등 사회주도층의 다수가 밀집해 있는 지역에서 활동하게 되면 자연스레 영역 중심의 사고를 하게 되는 것이 어쩌면 당연하다고 생각할 수 있다. 변화에 대한 약간의 두려움이 내포된, 그리고 기득권에 대한 집착 등이 그런 사고를 공고히 하게 된다. 그만큼 자신의 영역을 탈피한 사고나 활동이 어렵다는 의미가 될 것이다.

황사영 백서사건으로 1801년 11월, 형 약전은 흑산도로, 다산은 강진으로 유배된다. 2차 유배 시에 형 약전과 함께 내려오다 약전은 흑산으로 다산은 강진으로 각각 갈라지며 나주 율정에서 이별을 한다. 목메는 이별은 소설가 김훈의 『흑산』을 더해 가슴에 깊은 상처를 남긴다.

율정의 이별 26)

초가 주막 새벽 등불 파르르 꺼질 듯 하는데
일어나 샛별 보니 이별할 일 참담하다.

---

25) 책명으로 이爾는 근近, 아雅는 정㊣에 해당하며, 가까이 많이 쓰이는 말을 바로 잡는다는 뜻으로 일종의 사전Dictionary으로 생각하면 된다.

26) 여유당전서 권4에 실린 율정의 이별(율정별栗亭別)이라는 시이다.

서로 눈만 멀뚱멀뚱 할 말을 잃어
애써 목을 가다듬다 오열만 삼킨다.

  서울에서 삼남대로 970리 길을 걸어 내려오면 나주와 강진으로 갈라져 길을 따로 나서야 한다, 조선시대 아홉 개 대로 중 제7로인 한양에서 제주로 가는 대로이다. 1801년 황사영 백서사건[27]에 연루되어 셋째 형 약종을 잃고 약전과 약용 두 사람은 유배길에 올랐다. 형제는 서로 헤어지고 16년 후 손암 정약전(1758~1816)이 흑산[28]에서 세상을 뜨기까지 다시는 만나지 못하였다.

  율정의 이별을 한 곳이 지금의 나주 율정 삼거리다. 흔적은 지워져 있으나 밤나무가 많았던 밤남정, 율정마을[29]의 주막이 있었던 자리다. 율정 삼거리에는 부수련浮水蓮이라는 비석이 있어 조선시대 목사나 관리들이 부임해 오면서 잠시 쉬어 가던 곳이었다. 율정점栗亭店 즉 그때 주막의 흔적이 없어졌지만 두 사람의 마음은 여전히 남아 주변을 서성대는 것 같다. 무심하게 쉬어 가던 곳도 다산과 손암(약전)에 이르면 삼거리만큼 형제의 이별이 갈래갈래 나누어진다.

---

27) 1801년(순조 1) 신유사옥이 일어나자 큰형 정약현의 사위인 천주교 신자 황사영이 중국 베이징의 주교에게 청원서를 보내려 했다가 발각된 사건으로 청원서의 배후로 지목된 다산 형제는 정치적인 탄핵을 받아 유배를 가게 된다.

28) 전라도 나주목 우이도, 지금의 신안군 흑산면이다.

29) 옻나무도 많아 칠전漆田마을이라고도 한다.

시인 서해성[30]은 율정점 삼거리에서 평생을 다산 연구에 바친 박석무[31] 선생께 헌시를 올렸다.

다산 11월 22일 율정점 삼거리[32]

– 박석무 선생께

율정점 삼거리 진눈깨비가 내린다.

나주 서문 밖 주막

바람에 휜 싸리나무가 창을 쓸어 달빛은 더 빨리 기울고

익은 술은 이별을 재촉한다.

끌려가는 언니 발에서 짚신 한 짝이 벗겨지는 걸 보고

아우 또한 한 짝을 따라 벗으니

아침 해가 강진 쪽에서 떠왔다.

팔도에서 뜬 해가 지는 곳이 흑산도라서

언니는 그리로 가시는가.

---

30) 서해성은 1989년 단편소설 「살아오는 새벽」으로 등단한 소설가로서 현재 성공회대의 외래교수이다.

31) 1973년 유신 반대 유인물인 전남대 「함성」지 사건에 연루돼 1년 동안 복역하면서 감방 안에서 본격적으로 다산 연구와 저술에 몰두했다. 이때의 결실로 『유배지에서 보낸 편지』(1979)를 출간했다. 민주화 운동에 투신해 네 차례 옥고를 치렀으며, 제13, 14대 국회의원, 한국학술진흥재단 이사장, 단국대학교 이사장 등을 역임했다. 현재 실학박물관 석좌교수, 단국대학교, 성균관대학교 석좌초빙교수이자 다산연구소 소장이다.

32) http://www.gobalnews.com/news/articleView.html?idxno=23804.

쑥대는 허리 꺾어 울고
두 형제는 밤송이에서 비어져 나온 밤톨인 양 흩어졌다.
형제가 갈라서 가는 남도길은
한 짝씩 맨발인 짚신이라서
가도 가도 기우는 길.
오른쪽은 흑산, 왼쪽은 강진
돌아볼 수도 없는 갈림길.
함께 묶여 내려오던 길이 차라리 따뜻했어라.
밤나무정 밤톨 쪼개진 사이로 진눈깨비 더 굵다.

약전의 한쪽 발에서 벗겨진 짚신으로 하여 다산 또한 한쪽 신을 벗는다. 서로 좌우로 기울어져 강진과 흑산으로 갈라져 기울어진 길을 간다. 이내 밤톨을 밟으면 톡 튀어 사방으로 흩어지는 밤톨처럼 이별했다.

시인은 첨언하였다. "나주 율정점에서 헤어진 언니 정약전은 16년 동안 해마다 홍어를 잡아놓고 아우 정약용을 기다리다가 귀양지 흑산도에서 현산어보(자산어보)를 남기고 죽었다. 1816년이었고 59세였다. 1801년 11월 22일은 음력이므로 양력으로는 12월 말이다. 다산에게로 가는 길목에는 늘 박석무 선생이 구부정한 허리로서 있었다. 그의 등걸 뒤로 진눈깨비가 내리는 걸 본 지가 몇 해인가. 선생의 머리칼이 희고 눈썹이 희어가는 동안 다만 다산은 더 현재화하고 더 젊어졌다. 다산과 박석무는 불일불이~~다. 그 사이에 문자가 있다. 묵은 겨울 밭에 호미질 같은 문자다. 선생의 호미질이 있어 겨우 까막눈을 면하고 겨울밤에도 다산에게로 선선히 갈 수 있었다. 율정점 삼거리마저도 그에게 빚졌음이야. 가까스로 진눈깨비를 더할 뿐."

박석무 선생은 "십 년 넘게 다산의 지혜를 알려 조금이라도 우리 사회를 품격있는 사회를 만들고자 노력해 왔는데 바뀐 것이 딱히 없다"라고 했다. 국민 한 사람 한 사람에게 책임이 있겠지만, 많은 부분이 국가를 책임진 정치인을 비롯한 공직자의 책임이 더 큰 것은 말할 나위가 없다. 여기서 소설가 김훈의 흑산은 무엇일까? 상록수림 울창한 섬, 약전의 흑산도는 추사가 화북에서 대정으로 지나는 제주 중산간의 밀림지대처럼 하늘도 산도 바다도 온통 검게 가린 것과 같았을까? 역사 속의 흑산도를 소설가 김훈이 그리기에 너무나 마음이 검게 타버려 그런지 모른다. 베이비 부머 세대 이전 사람들이나 알 법한 정두수가 작사하고 박춘석이 작곡한 이미자의 노래 '흑산도 아가씨'에게는 그리운 육지 서울을 바라보다 새까맣게 타버린 가슴 같았을까? 나주 율정점에서 동생 다산과 헤어져, 살아서 밟지 못할 육지를 떠나 흑산으로 향하는 형 약전에게는 타버린 자신의 가슴이 지울 수 없는 숯검정으로 남을 섬이었다. 그의 저서 서두에 흑산이라는 이름의 검다는 느낌이 싫어 책명을 자산어보[33] 즉, 흑산 대신 자산이라 한들 검을 현玆자가 두 개 들어간 자산玆山 역시 더욱 검게 타버린 흑산일 뿐이니 무슨 의미가 있었을까? 가

---

33) 『자산어보』는 1814년(순조 14)에 다산의 형 정약전이 귀양지였던 흑산도 연해의 어류를 조사·정리한 도감이다.

습 속 검은 숯검정이 더 활활 타올라 오히려 백탄처럼 하얗게 창백해지지나 않았을까?

▥ 월출산 강진다원 전경

강진에 도착한 다산은 동문 주막의 주모 도움으로 유배 생활을 시작하였고 차나무가 많은 만덕산 자락 다산초당에서 10년을 살아 후세가 정약용의 호를 다산으로 지었다. 다산이 찾았던 백운동 별서 정원의 옆에는 월출산 강진다원이 조성되어 강진과 다산이란 호와 어울린다. 정약용은 호를 '사암', '열수' 등을 사용하였고, '다산'이란 호는 후세에 붙인 것으로 박석무 선생이 널리 알리게 되어 다산과 다산학이 정착되었다.

강진에서의 18년 유배 생활은 1801년 겨울부터 4년간 사의재에서, 1805년 겨울부터 1년간 고성사 보은산방, 1806년부터 1년 반을 제자 이청의 집, 1808년 봄부터 10년간 다산초당에서 지냈다.

사의재에서 황상, 이청을 비롯한 6명의 제자, 그리고 다산초당의 18제자와 어우러져 완성한 500여 권의 저술이라는 큰 족적을 남겼다. 제자 황상의 저서 『치원유고』에서 "스승은 귀양 생활 20여 년 동안 먹을 갈고 글을 쓰는 일로 복사뼈에 세 번이나 구멍이 났다"라고 적었다.

1표 2서[34]로 대표되는 다산학의 결정체를 완성하고 유배 18년만인 1818년 해배되어 고향으로 돌아갔다.

추사의 대정

추사는 54세의 나이에 제주도로 유배되어 8년 3개월을 제주에서 지냈다. 철저히 주류였던 그는 한순간 나락에 떨어져 고난과 좌절 속에서 노년을 보냈다. 비록 제주라는 섬에 갇혀 있었지만, 그는 공간이라는 한계를 극복하기 위해 몸부림쳤다. 유배지에서 완성한 추사체와 세한도보다, 벼루 열 개를 갈아 닳게 하였고 천 자루의 붓을 다 닳게 노력한 그 처절한 과정이 그에게는 유일한 탈출구였을지 모른다.

소위 가족, 돈과 권력은 우리 인간이 끊임없이 추구하고 거부할 수 없는 욕망 그 자체이기도 하다. 절망의 바다를 건너 다시 고향과 가

---

34) 1표 2서란 다산의 대표 저서로 경세유표, 목민심서, 흠흠심서를 말한다. 서문을 비롯한 일부는 해배 후 완성하였다. 경세유표는 관제, 전세, 세제 등 국가경영의 제도를 논한 책이며, 목민심서는 목민관의 지침을 밝히면서 관리의 폭정을 비판하였고, 흠흠심서는 판결과 관련한 일종의 형법서이다.

족에게 돌아가겠다는 실낱같은 희망의 끈이 있었다. 그리고 권력이라는 일말의 놓치지 못하는 욕망이 가슴 속에 남아 고달픈 유배 생활을 지탱하는 원천이 되었을지도 모른다.

  서울서 출발하여 도중에 유수체流水體의 이삼만(1770~1845)을 만나고, 해남의 대둔사(지금의 대흥사)에서 초의를 만난 다음 날 지금의 완도 이진을 출발해 추사는 1840년 9월 27일 제주 화북에 도착했다. 추사를 찾아 제주를 다녀간 초의는 거룻배를 타고 험한 바다를 건너는 것은 삶과 죽음의 갈림길에서 운명을 하늘에 맡긴 것이라 했다. 화북에서 제주성까지는 약 4km, 제주 목사에 인계되었다. 숲이 무성한 밀림지대인 중산간을 지나 대정에 도착한다. 추사는 화북진을 지나며 비로소 유배를 왔음을 깨닫는다.

村裏兒童聚見那
逐臣面目可憎多
終然百折千磨處
南極恩光海不波

촌 아이들 저거 보라 몰려든다.
귀양 온 내가 이상해 보여서일까?
결국은 백 번 꺾이고 천 번 찍혀서 유배 온 이곳
남쪽 끝 하늘에서 내리는 별빛이 잔잔한 바다를 비춘다.[35]

---

35) 완당선생전집 권7, '제주 화북진을 지나며'의 일부이다.

제주민들도 살 수 없는 땅이라 여겼던 모슬포 대정 땅, 지금은 아름답고 고운 땅이건만 유배자의 눈엔 역시 살기 어려운 땅이었다. 대정大靜은 큰 적막, 동계 정온은 적막지빈寂寞之濱, 적막한 바닷가 유배지라 했다.

초의가 57세 때 1843년경 봄날 제주의 추사를 찾았다. 당시 제주목사 이원조(1792~1872)의 도움으로 머물다 추사를 만나지 못하고 편지만 주고받다 가을경 대흥사로 돌아갔다. 초의가 말을 타다 다친 몸이 쉽게 나아지지 않아 대흥사로 돌아가게 되어 결국은 직접 만나지는 못하였다.

추사는 대정현 송계순의 집에서 2년을 지내다 강도순의 집으로 옮겨 1848년 12월까지 머물렀다. 이른바 수성초당水星草堂이었다. 추사와 교류하던 제주 사람 이한우는 추사 선생의 '수성초당에 부쳐'라는 시를 남겼다. 수성壽星은 남반구에서나 보이는 별로 천수와 국가의 안녕을 기원하는 대상으로 마음의 별이지 않았나 싶다. 이한우는 추사 선생을 남극성처럼 외로웠다고 했다. 정작 추사 본인은 귤중옥橘中屋이라 하며 '지조와 덕'을 강조한 적거지였다. 지천에 널린 게 귤나무이니 당연한 옥호일지 모른다.

추사는 대정 유배 기간 중 초의에게 걸명乞茗36)하곤 했다. 정치적으로 불우한 시절에 그가 기댄 것은 차였다. 막역한 친구인 초의에게 걸명은 외부와의 소통이었고, 보내온 차는 내부로의 삭임의 수단이었다. 주위에 유배의 답답함과 외로움, 그리고 고통을 끊임없

---

36) 차를 보내 달라는 글이라는 뜻이다.

이 피력한 유분이 남아 있었다. 병약한 몸과 함께 복권을 열망하는 마음은 욕망을 비우지 못했던 인간의 본성을 투영한다. 그래서 초의의 편지와 차는 기다림이다. 때로 사람에겐 기다림의 설렘이 삶을 지탱해 주기도 하기 때문이다. 추사는 대정에서 초의에게 걸명을 희화화하였다.

> *나는, 그대는 물론 편지도 보고 싶지 않네.*
> *다만 차와의 인연을 끊을 수 없으니*
> *두 해 동안 쌓인 빚까지 쳐서*
> *빨리 차를 보내는 것이 신상에 좋을 걸세.[37]*

추사와 초의 간 메신저 역할을 한 소치 허련(1808~1893)은 1841년, 1843년, 그리고 1847년~48년에 걸쳐 세 차례 제주를 방문하였다. 소치 허유의 원래 이름이 허련이었다. 중국 남종 문인화가 왕유의 이름을 따 개명하였다. 『소치실록』에서 스승을 향한 마음을 남겼다.

> *추사 선생이 제주 대정으로 유배되셨다.*
> *이듬해 나는 대둔사를 경유하여 제주에 들어갔다.*
> *제주 서쪽 100리길 스승이 위리안치되어 계신*
> *대정을 향해 절을 올렸다.*
> *가슴이 미어지고 눈물이 앞을 가렸다.*

---

37) 완당전집 『여초의』 제34신의 일부이다.

소치는 20대 후반 초의의 지도로 공재 윤두서[38]의 화첩을 보고 그림을 공부했다. 1840년 32세 때 초의의 소개로 추사로부터 본격적인 서화 학습을 하게 된다. 1856년 스승 추사가 세상을 떠난 뒤 다음 해인 48세에 낙향하여 기거하였던 곳이 명승 제80호인 진도의 운림산방이다. 운림산방의 소치기념관에 들면 맨 먼저 그의 스승 추사의 세한도 판각을 볼 수 있다. 스승이 세상을 뜨자 진도로 내려와 스승이 걸었던 유배길을 스스로 만들어 지내고자 했을지도 모른다는 생각에 이르자 세상의 영화를 쫓는 이들은 지금 무슨 생각을 하고 있을까라고 반문해 본다.

▥ 진도 운림산방

---

38) 공재 윤두서(1668~1715)는 조선 후기 화가로 오우가, 어부사시사 등으로 잘 알려진 윤선도의 증손으로 자화상과 백마도 등을 남겼다.

🎞 진도 운림산방의 소치기념관 입구 세한도 판각

한편 세한도로 유명한 제자 우선 이상적(1803~1865)은 두 차례 대정을 방문하여 추사로부터 국보 제180호 세한도를 받는다.

또 하나의 추사 공간이라 할 수 있는 대정향교는 1846년(헌종 12) 훈장 강사공의 부탁으로 향교의 기숙사인 동재에 의문당疑問堂이라는 현판을 남겼다. 현판이 추사 본인 글씨냐, 친구였던 권돈인의 글씨냐, 제자 강위 글씨냐는[39] 역사의 영역일 뿐, 무릇 학문은 스스로 의문을 제기하는 것에서 출발한다는 다소 철학적 화두를 던졌다.

🎞 대정향교 동재 현판 - 의문당은 추사의 스승 완원의 호이기도 하다. ⓒ제주 추사관

39) 이영대·이용수, 『추사정론』 도서출판 선, 2008, p. 402. 참조

추사의 글 은광연세恩光衍世, "은혜의 빛이 온 세상에 퍼진다"라는 뜻이다. **한 가지 사건으로 하여 수많은 사람이 개입하였지만 다산과 추사만을 한정하여 김만덕(1739~1812)[40]의 선행으로 또 하나의 연결성을 찾을 수 있다.** 김만덕을 중심으로 다산과 추사가 관련된 것은 아마 비슷한 시기에 일어난 일 때문이라 보인다. 김만덕에 대한 전혀 상반된 평가가 없지는 않다. 다만 당시의 정치적 입장 차이로 그럴 수 있겠지만 그런 문제는 중요하지 않을뿐더러 선행을 가릴 수도 없다. **다산과 추사가 함께 김만덕이라는 한 사람에 대한 찬사를 모은 시문에 발문을 붙이거나 글을 남겼다는 연결성만 보면 되겠다.** 제주의 천민 출신의 한 여성이 장사를 통해 거부가 되고 재산을 털어 빈민을 구제하였다는 김만덕은 조선왕조실록에 등장한다. 정조와 왕비를 만나고 채제공을 비롯한 수많은 명사가 시와 글로 그의 행적을 기록했다. 그렇게 얻은 **시문을 모아 한 권의 시집을 만들었고 다산이 발문을 썼다. 다산 역시 김만덕을 직접 만나기도 하였다.** 그 후 추사가 제주로 유배 와서 만덕 할머니의 선행을 전해 듣고 그의 3대손인 김종주에게 써준 편액이 은광연세였다.

---

40) 김만덕에 대한 자세한 내용은 주강현, 『제주기행』, 웅진 지식하우스, 2011, pp.91~93과 유홍준, 『나의 문화유산답사기7』, (주)창비, 2012, pp.275~280를 참고하기 바란다.

사라봉공원 내 김만덕 묘와 은광연세

추사는 제주 대정에서 8년 3개월을 지내고 1848년 12월 6일 마침내 해배되어 1849년 1월 7일 대정을 떠났다.

다산과 추사를 따라나선 유배길

    다산과 추사의 유배길은 수많은 세월이 흘렀어도 풍광은 여전하다. 인걸은 스러졌지만 산하는 원래의 모습을 흔적 속에 남겨 두었다. 두보^{杜甫}는 춘망^{春望}에서 중얼거린다.

國破山河在
城春草木深

나라는 망하여도 산하는 남아있어
성안에 봄이 오니 초목만 무성하다.

    다산의 유배길과 추사의 유배길을 굳이 비교하자면 다산의 학문과 차라는 영역에서 뿌리, 학문, 그리고 우정이라는 공간으로, 추사 역시 추사체와 우정을 중심으로 집념, 인연, 사색이라는 영역이다. 다산은 후세 다산학이라는 학문적 성과가 압도하는 한편, 추사는 금석학이나 추사체의 완성에도 불구하고 복잡하고 훨씬 다양한 인간적인 면모를 만날 수 있다. 어떻게 보면 두 사람의 유배길은 같은 듯 몹시 다른 공간이었다.

다산과 추사의 유배길을 따라가며 문득 여행은 무엇인가라는 화두에 빠진다. 비단 그들의 유배길이라서만은 아니다. 인생은 하나의 긴 여정이다. 그러나 인생은 편도다. 게다가 현대인은 가상공간과 현실 공간을 넘나드는 방랑하는 유목민이다. 즉, 바가본드 노마드Bagabond Nomade인 게다. 대개의 사람은 여행을 기다리고 여행을 행복해하며 또 다른 여행을 준비하다 세월을 보낼 수만 있다면 행복하다고 할 수 있다. 귀향과 여행의 경계가 모호하다. 그래서 인생은 나그넷길이라 하였다. 세속적인 노랫말이라 치부할 수만 없다. 여행은 구속과 자유, 망각과 치유, 쓸쓸함과 행복함이 늘 공존하는 영역이다. 그리고 자각과 성찰, 상쾌함과 재충전, 새로움과 설렘이다. 한편으론 우울함과 쓰라림, 그리움과 향수병이 혼합되기도 한다. 그러한 여행길이 때로 유배길에서는 유장함과 외로움, 쓰라린 반추의 시간이 되어 하나의 위안으로 승화되기도 하였다.

길을 떠난다는 것은 동행자에 따라 느낌이 달라지기도 한다. 나이에 따라 즐기기와 두려움이 살짝 혹은 무겁게 겹쳐지기도 한다. 사람마다 각기 다른 느낌과 생각이 그래서 의미가 있는 것이다. 홀로 길을 걸을 때와 함께 걸을 때가 다르듯이 각자의 의미가 중요할 뿐이다. 여행지가 해외든 국내든 선호의 정도는 개인적 착각(?)이며 그러한 몽롱한 착각 역시 각자의 몫이니 비교의 대상이 될 수 없다. 그저 낯선 곳에서 자신을 내려놓고 형식의 틀과 타인의 시선으로부터 자유로움을 추구할 수 있는 것이면 더 좋은 길이 될 수 있다.

청년은 여행 속에서 더욱 강렬해진다. 한편 나이가 들면 들수록 육체적인 노화는 자연히 느림을 피할 수 없고 생각마저 느려지는 것을 길에서 온전하게 받아들이는 것이 필요하다. 길은 느림과 유장함의 연속이다. 결국은 여행의 정의나 분류, 그리고 분석은 불필요하다. 목적이 있는 길을 따라가든 그렇지 않든 모두가 소중한 것이다. 이런 넋두리는 수많은 사람이 말해온 진부한 이야기이니 진정한 자신만의 길을 떠날 수 있다면 그만이다. 여정에는 유심과 무심, 그리고 유정과 무정이 공존한다. 마음이 일어나고 비는 것을 유배길을 따라가며 배운다. 『채근담』에서 말한다.

성긴 대숲에 바람이 불어오되
바람이 지나가면 대숲은 소리를 머금지 않고,
차가운 연못 위 기러기 날아가되
기러기 지나가면 연못은 그림자를 붙들지 않는다.[41]

잔에 물을 너무 따르면 넘친다. 유배길에서 때로 물러나고 포기하는 것을 찾을 수 있어야 한다. 마음의 평온을 얻고 평생 명예를 지키려면 눈앞의 욕망을 내려놓아야 한다. 우리는 가지고 있을 필요가 없는 것에 짓눌려 있다. 짧은 시간이라도 세속의 갈망으로부터 벗어나야 진정한 유배길을 함께 할 수 있다.

41) 팡차오후이, 『나를 지켜낸다는 것』, 위즈덤하우스, 2008, p.112.

한 시절의 영화는 사라졌어도 세상을 지탱하는 곧은 형식들은 우리 앞에 여전히 살아 있을 수 있다. 그것을 알면서 실천하기가 쉽지 않다. 일정 부분을 잃지 않고서는 원하는 것을 얻을 수 없다. 선택의 기준은 권력과 돈이 아닌 명예와 자유이다. 그것을 선택한다는 것은 대단한 용기가 필요하다. 아무나 결정할 수 있는 일은 아니지만 결기 있게 실천하는 자만이 가장 소중한 마음의 평온을 찾을 수 있다. 적어도 유배길에서는 얻을 것도 받을 것도 없기에 비로소 자신을 내려놓을 수 있다.

나주, 강진과 다산초당

　강진과 흑산으로 갈라지는 율정 삼거리의 흔적은 과거의 책[42]에서만 볼 수 있다. 세월이 흘러 다산과 형 손암 약전이 묵었던 주막의 흔적은 당연히 사라졌다. 이젠 마음으로 찾는 게 나을 것이다. 율정점도 나주읍성 옆 서문주막으로 대치하였는데 옛 정취를 기대하는 것은 무리다. 서문주막의 처마 밑 광고 전광판이 눈에 거슬린다. 상업성이 개재하다 보니 볼썽사납다. 갓 이은 초가주막은 세월이 좀 흘러 빛이 바랠 때나 들어가 손암과 다산을 만나고 싶은 마음이 일까? 나주읍성 영금문[43] 옆 작은 주막을 멀리서 바라보는 그 순간이면 족하다.

　문득 영금문을 넘지 못하고 전멸한 동학군의 그림자를 본다. 다산 사후 60여 년이나 지나 일어난 농민운동이었다. 다산이 그렇게도 갈구했던 세상은 변하기 어려운가 보다. 서가의 목민심서도 실천하

42) 도도로키 히로시, 삼남대로 답사기. 성지문화사, 2002, pp.251~254.

43) 나주읍성은 고려시대 석성으로 임란 이후 대대적으로 보수하였다. 동서남북으로 문루를 설치하였고 서쪽의 서성문에만 영금루라는 편액이 걸려있다. 1894년(고종 31) 동학농민운동 때 동학군이 서성문을 넘지 못하고 전멸하였다.

지 않으면 무용지물이다. 고부 군수 조병갑의 학정에 항거한 농민운동은 시공과 방법만 다를 뿐 권력의 횡포와 국민의 저항이었고 지금도 역사는 반복되고 있다.

그러나 세상을 바꾸고자 하는 이들도, 조직도, 주객이 전도되지 않도록 해야 한다. 정치인뿐만 아니라 심지어 국민의 권리나 재산과 연관된 기관이나 단체는 본연의 의무와는 달리 개인과 조직의 사욕에만 관심이 있어서는 곤란하다. 시민단체 등 각종 단체의 활동도 초심이 변질되어서는 안 된다. 세상의 수많은 선한 활동이 자신도 모르게 괴물로 변질되어 있는 것을 깨닫기 힘들기 때문이다.

🏛 나주읍성 영금문(서성문)옆 초가지붕 서문주막

🏠 서문주막

  밤톨이 쪼개어져 나무 그루터기 언저리에 흩어져있고 하늘에서 진눈깨비가 내리던 날, 겨울에 나주읍성을 배회한다. 다산과 손암 두 형제가 헤어지던 날 역시 오늘처럼 진눈깨비가 흩날리었을 것이다. 1801년 11월 22일이었다. 율정에서 이별한 두 형제는 그길로 끝이었고 살아서 다시 만나지 못하였다. 이별한 지 16년째 되던 해인 1816년 6월 6일 손암이 유배지 내흑산 우이보에서 58세의 나이로 세상을 떠났다는 사실도 흩날려 망각된다.

  당연히 읍성에서 다산과 손암을 찾기 어렵다. 을씨년스러운 날씨 탓에 머리엔 추위만 남아있다. 바람 따라 다산초당을 재촉한다. 다산의 남도 유배길로 가는 차창으로 진눈깨비가 더 세어진다.

  옛 삼남대로를 찾아보지만 현대화된 도로만 있을 뿐이다. 율정점에서 헤어져 강진으로 가는 길은 멀고 고통스러웠을 것이나 그 어디에도 역사는 사라지고 없다. 일본인 학생이 우리나라로 유학 와 남긴 학문적 성과에 대한 복잡한 우리네 심경을 굳이 언급할 필요는 없다. 우리가 잊고 산 과거들이 외국인을 통하여 각성하게 된 것이 한 둘이며 어제오늘 일이 아니다. 우리 국민 역시 외국에서 학문적 성과를 이루는 것이 새삼스럽지 않으니 글로벌 시대의 트렌드로 치부할 수 있다. 다만 이러한 생각을 일깨워 준다는 자체가 큰 의미가 있고 그게 감사할 따름이다.

과거와 현재의 대화가 역사이다. 물리적 흔적인 유형의 역사 못지않게 시계열에 담긴 무형의 대화는 여전히 숨 쉬고 있다. 의미의 부여는 관념을 파생하고 과거와 현재를 교감할 수 있게 한다. 또한 상상은 시공을 초월한다. 초월은 우수와 향수, 행복과 불행, 고통과 안온, 이별과 해후, 고독과 대화를 넘나든다. 뒤죽박죽이지만 한 뼘의 터로 남아있어도 역사는 가슴 저미게 하고, 다산 형제의 고난도 현재에도 동일시될 수 있다.

그래서 그 형제의 고난이 지금도 계속된다. 지금은 힘없고 권력 없는 소시민의 고난시대이다. 소시민의 고난이 늘수록 권력자의 특권은 비례한다. 특히 일부 정치인은 특권을 내려놓을 줄 모른다. 다산의 말처럼 제도적으로 특권을 제거하여 진정한 목민관의 자세, 사명감을 가진 자만이 공직에 들어야 한다. 그러한 공직을 사명감 없는 자들에게 매력적이거나 호구지책의 방편이 되지 않는 권력으로 만들어야 한다. 정치권력이 생활 직장인으로 전락해서는 안 되는 이유다. 그들은 늘 원칙과 신뢰를 외치지만 행동은 따로일 경우가 많다. 흔히 정치권력의 한 부분인 공인에게 요구되는 덕목을 조사하면 하나 같이 신뢰를 꼽는다. 그러나 우리가 간과하는 것은 원칙도 중요하고 신뢰를 얻는 것도 중요하지만, 정작 그 전제가 되는 것이 '정직'이라는 것을 잊고 있다. 국민과 시민 앞에 정직해야 청렴이 따라오고 신뢰가 쌓이는 법이다. 국민으로부터 존경받는 정치권력이 되기 위한 최소한의 자질은 정직이다. 공과 사의 경계에서 늘 고민하고 사회적 공익을 우선시하는 사람이어야 한다. 개인적 품성으로 발현되고, 개인적 소신이나 사명감이 제대로 작동할 수 있게 하려면 근본적으로 제도와 시스템을 바꾸어야 한다.

꼭 정치권력만이 아니다. 모든 권력은 품격이 있어야 한다. 인간의 품격과 마찬가지다. 국가·사회가 품격이 없으면 국민이 어려워진다. 권력은 생산적이고 소통 가능해야 한다. 과거와 같이 일방적 강요만이 권력을 성립하고 유지할 수 있는 것이 아니다. 명령과 복종의 관계가 아니기 때문이다. 어떠한 사회에서도 선한 권력이란 것도 존재한다. 모든 권력 관계란 질서를 확보하면서도 배려를 통한 긍정적인 권력을 형성할 수 있기 때문이다. 따라서 국민의 자발성을 유도하고 국가를 생산적으로 변화시킬 수 있어야 한다. 그럴 때 비로소 품격이 갖추어지는 것이다. 명령과 강요의 권력이, 특히 정치권력에서 발생한다면(실제로 비일비재하다) 품격이 땅에 떨어지고 탐욕과 사리사욕만이 남는다. 작금의 정치 현장을 보면 길게 설명할 필요가 없다. 정치 불신이 극에 달해 있지만 정작 다수의 정치권력 당사자는 자신만이 국가를 이끌 수 있고 진정한 애국자라 착각하고 있다. 이런 상황에서 그들만의 카르텔은 공고화되고 있다.

인적이 드문 길을 홀로 걸어 본 적 있는가. 아니 인적이 드문 길 자체를 찾기가 쉽지 않을 것이다. 숨 막힐 정도로 복잡한 거리에서 벗어나기란 거의 불가능하다. 현대인은 차량과 인파가 넘쳐나는 길에서 무엇을 찾기 위해 오늘도 헤매고 있을까? 그래서 유배길의 적막과 소소함이 일상의 찌든 때를 씻어줄 수 있을까.

성근 가지 아래 낙엽을 밟는다. 추위를 느끼며 걷는 나주읍성을 거쳐 다산이 다시 길을 재촉한다. 강진으로 간다. 세종실록지리지에 백제 때 유래한 지명인 도강과 탐진, 두 현을 1417년(태종 17) 병마절제사영을 도강의 옛 읍에 이전하고 강진이라 하였다. 나주를 떠나 강진을 향한다.

강진은 지금 인구가 4만에 미치지 못하는 군으로 소백산맥이 두 갈래로 갈라져 남해에 닿는다. 군 내 가장 큰 하천인 탐진강은 강진만으로 흘러든다. 계절이 바뀌어 늦은 봄에야 다시 찾을 수 있었다.

나주서 강진 가는 길엔 저 멀리 월출산(809m)이 눈에 들어온다, 강진 읍내에 접근하자 다산이 잠시 머물렀던 보은산(439m)도 보인다. 월출산은 국립공원이다. 국립공원임에도 불구하고 수도권에서 지리적으로 떨어져 있어 사람의 발길이 타지역보다 적어서인지, 아니면 관리를 잘해서인지 모르겠지만 도로 길 어깨와 논밭 주변에 버려진 쓰레기가 드물어 매우 깨끗하다. 어쨌든 밀도의 차이가 그러한 원인 중의 하나인 것 같다.

　1812년 다산이 초당에서 기거하던 중 백운동 별서정원에 소위 나들이를 간다. 담양 소쇄원, 완도 보길도의 윤선도 원림과 함께 호남 3대 정원이다. 소쇄원은 명승 40호, 부용동 정원은 34호로 지정되어 있는데 백운동 정원만 아직 명승으로 지정이 되어 있지 않고 있는데 조만간 명승으로 지정될 것이라는 좋은 소식이 있는 것 같다. 2016년부터 강진군에서 문화재(명승) 지정을 위해 면밀한 준비를 해 오고 있다 한다. 백운동 별서정원과 다산초당 모두 요즘으로 치면 별장형 정원이다. 다산이 1812년 이곳을 방문하여 정원의 경치에 반하여 제자 초의에게 백운동도를 그리게 하고 12가지 풍경을 시로 지어 백운첩에 남겼다. 건축물과 어우러진 정원의 모습도 아름답지만 백운동 계곡의 자연 그 자체가 하나의 정원으로서 뛰어난 경관을 자랑한다. 과연 다산이 반할 만하다는 생각이 든다. 백운동 정원 자리는 이미 고려 시대 때 암자 터였던 것으로 보아 누구나 탐

낼 만한 지형을 가진 별서정원이다. 별서정원은 고택정원과 달리 상대적으로 대중에 개방되어 있기에 우리네 자연형 정원의 특성과 조화를 쉽게 알 수 있다.

백운동 별서정원

백운첩과 백운동 12경

또 원림이라는 것은 과일과 채소를 심고 키우는 곳으로 울타리로 둘러쳐 있고 주변 숲과 조화를 이루고 있는 형태를 말한다. 우리의 원림은 인간 활동의 공간 역시 자연의 일부로 해석한다. 지속가능한 생태중심주의의 일면이다. 자연의 아름다움을 즐기는 동시에 궁극적으로 자연과 하나 되는 일체감을 지향한다. 산수와 자연을 그대로 유지하면서 그 자연 안에 최적의 공간에 최소의 인공을 가하는 것이다. 원림과 별서정원이 어우러진 곳이다.

1812년 9월 12일 초의를 비롯한 제자들과 함께 월출산행을 마치고 별서정원에서 하룻밤을 묵었다. 12경을 돌아본다. 9경의 취미선방 옆 수선화가 반갑다. 맨 아래 마당의 5경 유상곡수가 압권이다. 12경을 하나하나 음미하는 것에 더하여 계곡을 중심으로 펼쳐진 아름다움에 흠뻑 취한다. 담장 밖의 자연 그대로가 비경이다. 언덕 위 바위에 앉아 세상의 모든 시름을 놓는다. 신선이 따로 없다.

🔲 백운동 별서정원 유상곡수 전경

하지만 12경을 억지로 따라갈 필요가 없다. 각 경관의 설명을 가볍게 훑어보고 마음 가는 대로 이끌린다. 11경인 정선대에 올라서면 정원을 조감도처럼 내려 본다. 전면이 낮고 후면이 높게 건축물을 배치하고 꽃 계단을 만든다. 전면은 개방감을 가하고 네모난 연못을 조성한다. 네모난 연못, 즉 방지方池 가운데 돌과 흙으로 쌓은 신선 사상에 흔히 나타나는 석가산을 볼 수 있다. 낙향하여 은거하기에 제격이다. 은퇴한 후 은거하지 못하고, 속세의 권력과 탐욕을 벗어나지 못하고 헤매는 군상들이 주변을 배회한다. 언제까지 버거운 세속사에 얽매여 있어야 하는지 한탄하다 이내 잊어버리고 또다시 정신없이 생존의 정글로 되돌아간다.

🔲 다산초당~백련사간 안내도

그래서 현대인은 별서정원 같은 곳을 찾고 그 정원에서의 한가한 삶을 꿈꾼다. 결국은 꿈으로 그치기 십상이지만 마음속 갈증을 굳이 내려놓을 필요가 없이 꿈 자체도 의미가 있다. 온갖 시름을 내려놓고 언젠가 단 하루라도 묵었으면 하는 것이 인지상정이다.

이제 다산의 길을 따라 사색과 침잠의 시간에 빠져본다. 추사의 집념, 인연, 사색의 길과 대칭하여 다산의 길을 뿌리, 학문, 우정의 길44)로 구분해 본다.

　다산초당에서 백련사 가는 길은 쉬엄쉬엄 왕복 한 시간이면 족하다. 사의재에서 다산초당 초입까지가 '뿌리의 길'이다. 뿌리의 길에서 초당의 서암, 그리고 초당, 동암, 천일각까지가 '학문의 길'이다. 천일각에서 백련사 가는 길은 차를 매개로 한 벗의 길, 즉 '우정의 길'이다. 아마 이 세 가지 길이 혼재될 수도 있으나 그것은 다산 유배길을 어떻게 걷고 느끼느냐에 달려있다. 순전히 개인의 몫이라는 것이다. 그만큼 독자성이 필요한 길이다.
　강진군청에서는 삼남대로를 따라가는 다산 정약용 남도 유배길을 4개의 코스로 정하였다. 1코스는 주작산 휴양림길, 2코스는 사색과 명상의 다산 오솔길, 3코스는 시인의 마을길, 4코스는 그리움 짙은 녹색 향기길이다. 아마 여기서 따라가는 뿌리의 길, 학문의 길, 우정의 길은 2코스의 일부가 된다. 짧은 길이지만 그 의미는 유장하다.

뿌리의 길

　다산이 강진에 도착했을 때는 1801년 11월 23일, 39세의 나이였다. 동문매반가, 그러니까 강진의 동문 근처 밥집의 주모 도움으로 아픈 몸을 뉘인 사의재四宜齋로 간다. 사의재서 다산은 밤술을 하며 쓰

---

44) 다산 유배길을 추사의 제주 유배길과 대칭되게 필자가 뿌리의 길, 학문의 길, 우정의 길로 그 구간과 명칭을 부여하였다.

라린 가슴을 삭이고 있다.

> *흩날리는 눈처럼 북풍이 불어와*
> *남쪽 강진의 밥집까지 떠밀려 왔네.*
>
> *- - -*
>
> *근심을 잊으려 밤술을 마신다.*[45)]

사의재 동문 주막, 이곳에서 4년간 머문다. 나주 율정점이 서문 주막이라면 사의재는 동문 주막이다. 사의재는 네 가지를 마땅히 해야 할 거처로 맑은 생각, 단정한 용모, 과묵한 말씨, 신중한 행동이다. 사의재 초가지붕 아래 앉으니 어릴 적 외가가 떠오른다. 조금은 생뚱맞다.

추운 겨울 아랫목에 옹기종기 모여 이불 속에서 뜨거운 물을 담은 옛날 군용 탄약통인 탄통에 발을 지질 때보다 어느 여름날 비 올 때 처마 밖 마당에 서서 비를 맞으며 목욕하던 기억이 왜 떠오를까?

주막 앞 우물과 빨래터는 온 동네 아낙의 무언의 한풀이 마당이다. 말 대신 빨랫방망이를 있는 힘껏 내려쳐 더 큰 저항의 울림이 전해진다. 다산은 아낙의 방망이질에 혹독한 국문이 떠올라 몸서리쳤을까? 아니면 세상에 대한 민초의 한을 깨달았을까?

사의재 앞 다산의 시 우래憂來가 목판에 새겨져 있어 가는 발길 멈추

---

45) 11월 하순 추운 겨울 강진에 도착하여 지은 객중서회客中書懷라는 시의 일부이다.

게 한다. 세상이 어수선하니 한 선비가 미치는 게 나을지도 모른다.

천 명이 술에 취해 떠드는 속세
단정한 선비 하나 의젓하게 있고 보면
그를 천 명이 모두 손가락질하며
그 한 선비 미쳤다고 한다네.

고달픈 유배 생활의 쓰린 마음과 불행에 좌절하지 않고 선비의 자
세를 지키고자 하나 세상 사람은 미친 사람으로 여기니 다산의 한
숨이 깊어만 간다.

■ 사의재

사의재, 동문 주막의 이정표가 입구에 서 있다. 주막의 표식은 주등

이다. 사의재의 사진엔 반드시 청사초롱이 들어가야 한다고 생각했으나, 사의재 배경에 멀리 트럭이 함께 담겨 아쉽다. 주등은 촛불로 밝히건만 지금은 전등으로 대신한다. 하지만 전등이 밝히는 청사초롱 사진이라도 좋다. 주등의 역할에 더하여 잔치 날 마을 고샅[46]을 밝히는 청사초롱이 함께 하여 정겹다.

사의재 옆 동문 주막에서 여행객들이 앉아 식사를 하며 잔을 기울이고 있다. 여행은 모든 세속사를 내려놓는 즐겁고 행복한 시간이다. 가볍게 떠난 사람도, 큰맘 먹고 떠난 사람도 모두에게 주어진 시간이란 금세 지나가지만 꿈결 같은 시간이다. 행복에 즐거워하고 때로는 사색과 우수에 젖게 하는 시간과 공간이다. 여럿이 어울려 함께하면 즐거움이 배가되고, 홀로 앉아 고독과 사색에 침잠할 수 있는 시공이다.

다산은 강진 읍내에서 기거할 때 6명의 제자를 두었다. 제자 중 한 명이 황상(1788~1863?)이다. 다산초당의 18제자와는 함께 하지 못하였지만 다산과 헤어진 후 강진 천개산 일속산방一粟山房에서 평생을 은거하였던 인물이다. 황상은 또 하나의 아웃사이더이다. 다산이 가장 아끼고 사랑하였던 제자 중의 한 사람이나 신분의 한계와 허약한 체질로 하여 다산초당으로 거처를 옮길 때 따라가지 못한다. 황상의 뛰어난 시작詩作을 흑산의 형 약전에게까지 전할 정도였으나 그는 강진의 일속산방에 은둔하며 생을 마감하였다.

추사 역시 황상을 뛰어난 사람으로 평가한 바 있다. 치원 황상은

---

46) 마을의 좁은 골목길을 뜻하는 아름다운 우리말이다.

1836년 2월 다산이 세상을 떠나기 전 마재의 다산을 방문하였고, 1845년 다산의 기일에 다산 형제와 정황계丁黃契47)를 맺었다. 흔히 스승을 보내면 소원해지나 인연을 이어가며 집안 차원의 교류를 할 수 있다는 것은 과거에나 가능할 일로 치부할 수밖에 없는 황량한 요즘 세태가 되어 버렸다. **황상은 치원유고 4권 2책을 남겼는데 서문을 추사와 추사의 동생 명희가 적었다. 아, 여기서도 다산과 추사가 이어지고 있다.**

허련이 그린 일속산방도의 그림 왼쪽 산비탈에 있는 한 채의 집이 일속산방48)이다. 추사가 황상을 위해 써준 현판이 남아 있어 다산, 추사, 황상, 허련의 또 하나의 관계성을 본다. 다산과 추사의 연결성은 이렇듯 산재해 있다.

일속산방은 산중 외로이 배치된 은둔의 공간이다. 은둔은 작은 고립을 뜻한다. 유배와 다를 바 없다. 다만 자발적일 뿐이다. 그러나 그역시 세상의 아웃사이더가 선택할 수밖에 없는 불가피성이었다. 황상은 스스로를 다진茶塵, 그러니까 '다산의 티끌'이라 칭했다.

---

47) 정씨와 황씨 간 결속을 다짐한 계로 일종의 연대이다.

48) 좁쌀 한 톨 만한 작은 집이라는 뜻으로 지금은 강진군 백적동에 터만 남아 있다.

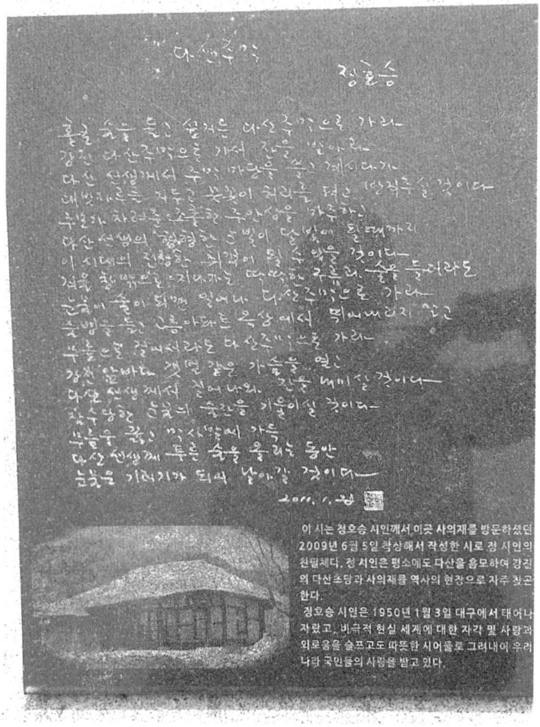

■ 돌판에 새겨진 「다산주막」(정호승)

다산주막에서 목을 축인다. 시인 정호승의 주막과 나의 주막, 그리고 다산의 주막은 어떻게 다를까? 혼술하러 갔다가 다산 선생과 함께 할 줄이야 알았겠는가. 다산 선생께 푸른 술을 올리는 동안 눈물은 기러기가 되어 날아가 강진 앞바다 갯벌처럼 가슴을 열게 된다는 시인의 독백처럼 소시민의 가슴은 다산의 따뜻한 위안의 막사발 술잔을 받는다. 주막에서 찾는 사의四宜, 시공은 한낱 수사에 불과하니 객수客愁를 담아 잔을 또 기울인다.

목포 출신의 소리꾼 오정해는 강진 오감통의 명예 홍보대사여서 가끔 강진 오감통 공연에서 볼 수 있다. 오정해가 주연한 영화 서편제에서 송화의 '한(恨)에 묻히지 말고 그것을 넘어서라'는 대사가 문득 떠오른다. 그렇다. 다산이 유배 생활의 한을 넘어섰기에 우리에게 다산학을 선물하였다.

1805년 혜장의 주선으로 머물렀던 고성사 보은산방으로 간다. 보은산방에서 2년 가까이 기거했다. 그 후 1806년 강진의 제자 집에서 잠시 머물다 유배 8년째이던 1808년 가을 다산초당에 정착한다.

다산초당 초입에 위치한 다산기념관은 현대식 건물로 지었다. 주변의 빼곡한 대숲이 아름답다. 미리 한 번 더 다산을 공부하고 길을 나선다. 다산초당은 기념관에서 걸어 20분여 800m 정도 거리다.

남도 유배길 안내

이제 유배길 초입에 다산 정약용 남도 유배길 안내 표지가 반긴다. 전라남도의 문화생태 탐방로 중의 하나이다. 다산이 올랐던 이 길에서 다산을 만날 수 있을까?

다산 오솔길을 따라간다. 다산초당으로 가는 가파른 길을 오르다 온통 땅을 움켜쥔 듯 지상으로 드러난 소나무 뿌리가 보인다. 소나무뿐만 아니라 대나무 뿌리까지 드러나 있다. 고산 윤선도는 오우가에서 수석과 송죽을 벗으로 두었다 했다. 소나무 뿌리와 대나무 뿌리가 서로 엉켜 있으니 그 또한 친구이지 않은가. 심지어 삼나무의 뿌리까지 동참한다. 뿌리는 서로 다투어 지상으로 드러내지 않으면 아웃사이더로 낙오될까 두려운 것일까.

다산초당 가는 길은 역경과 시련, 절망과 좌절로 더 떨어질 나락이 없는 뿌리의 길로 연결된다. 정호승 시인은 구불구불 이어지는 길을 통해 고통의 접점을 극대화한다. 그래서 마지막 하나의 고통마저 뿌리의 길 속에 가둔다. 뿌리의 길은 촘촘하기 때문이다. 그물 같은 결절점은 역경과 시련을 얽어맨다. 그 시련과 역경이 끝없이 이어질 것만 같다고 했다. 살아온 길과 다가올 길들을 멍에처럼 처절하게 얽혀 있는 길로 만들었다. 어느 하나 민초의 과오를 놓지도 않고 용납하지도 않을 것 같았다.

🔲 뿌리의 길

　　그러나 밟아서 드러난 뿌리가 아니다. 역경과 시련을 극복하기 위
해 흙 속 뿌리의 지상을 향한 몸부림이요, 그 뿌리를 통해 수액을 저
끝 푸른 잎까지 전하는 찬란한 고통의 통로다. 세속의 모든 고통을
거두어 수관을 따라 가지와 잎의 끝까지 올라간다. 끝내 희망을 향
한 푸른 잎으로 승화한다. 그리고 다시 그 희망의 푸른 잎이 떨어져
뿌리 위를 덮을 때 다산과 함께 또 다른 고통을 보듬고 또 다른 희망
의 세월을 기다릴 것이다.

醍 우리 주변의 아무 산에서 볼 수 있는 이런 길은
다산초당 가는 뿌리의 길과는 다른 풍경이다.

　뿌리의 길은 정호승의 시 한 수면 족하다. 시인 정호승은 어린 아
들을 데리고 다산 유배길을 걸으며 다산을 느끼려 했다. 그 길을 따
라갔다. 강진을 사랑한 것은 다산 때문이었고, 정호승의 시[49] 때문
이었다. 뿌리의 길은 길만큼이나 시감을 공유하는 영역이다. 너무나
절묘한 시요 배치이다. 그 시가 정의한 길이 모든 길의 뿌리가 된다
는 것은 다산초당이 아니면 어떻게 느끼고 알 수가 있겠는가? 다산
의 슬픔이 어머니와 아들로 전이하며 인간의 근원적 고향으로 회유
를 꿈꾸고 있는 것인가? 백련사 입구의 시인 고재종이 노래한 동백
나무가 지상의 꽃부리와 분산되다 결국은 하나의 흙으로 돌아간다
는 것으로 귀결된다.

───────────
49) 시인 정호승의 시 '뿌리의 길'은 다산초당 올라가는 길에 목판에 새겨져 있다.

뿌리의 길은 산문山門을 들듯이 몸과 마음을 낮추고 올라야 한다. 조심조심 걸어야 한다. 계단을 오르듯 정확한 발걸음을 옮겨야 한다. 다산의 사의재를 다시 생각한다. 맑은 생각, 단정한 용모, 과묵한 말씨, 신중한 행동을 보여줘야 한다. 그렇지 않으면 뿌리가 발걸음을 잡을 것만 같다. 나무뿌리에 걸려 넘어지지 않으려면 자신을 낮추고 또 낮추어야 한다.

■ 목판에 새긴 '뿌리의 길' 시

다산초당으로 올라가는 산길
지상에 드러낸 소나무의 뿌리를
무심코 힘껏 밟고 가다가 알았다.
지하에 있는 뿌리가
더러는 슬픈 가운데 눈물을 달고
지상으로 힘껏 뿌리를 뻗는다는 것을
지상의 바람과 햇볕이 간혹
어머니처럼 다정하게 치맛자락을 거머쥐고
뿌리의 눈물을 훔쳐 준다는 것을
나뭇잎이 떨어져 뿌리로 가서
다시 잎으로 되돌아오는 동안
다산이 초당에 홀로 앉아
모든 길의 뿌리가 된다는 것을
어린 아들과 다산초당으로 가는 산길을 오르며
나도 눈물을 닦고
지상의 뿌리가 되어 눕는다.
산을 움켜쥐고
지상의 뿌리가 가야 할
길이 되어 눕는다.

수많은 사람의 발길이 닿은 길은 각자에게 주는 메시지가 모두 다르다. 다산의 심경을 느끼고 오를 수 있을까. 유배를 가본 사람이라면 어렴풋이라도 느낄 수 있을까?

현대판 유배에는 유·무형의 유배가 있다. 다산처럼 직장이나 조직에서 받는 인사상의 불이익과 좌천, 교육, 파견 등이 그것이다. 유배 기간을 즐기기도 하지만 와신상담하는 것이 인간이다. 주류에서 어느 날 갑자기 비주류가 되어 유배를 가게 되면 그 고통은 짧고 강하다. 늘 아웃사이더는 평생을 불만과 불평 속에서 괴로워할 수도 있지만 그 고통은 약하고 길다. 유배 경험자는 다산의 삶을 반추하는 데 그다지 어렵지 않다. 유배의 쓰라림은 다산의 유분과 같다. 뿌리의 길을 오르며 유분을 하나하나 삭여야 한다. 그러지 못하면 다산이 초당을 허락하지 않을 것 같다. 그래서 뿌리의 길은 땅속 깊이 유장하나 짧은 한 수 시로 남을 수 있었다.

꼭 조직으로부터 유리되는 것만이 유배는 아닐 것이다. 어쨌든 분리되어 제거된 상태에서 자연히 놓지 않으려 뿌리가 더 강하게 땅을 쥔다. 뿌리가 지상에 드러날수록 이탈을 두려워하며 집착한다. 그리고 문득 그 집착이 근원으로 연결될 때 뿌리는 욕망과 회한을 치유하고, 비로소 눈물을 지우는 모든 길의 뿌리가 된다.

뿌리의 길을 오르는 이들은 뿌리와 함께 땅속 깊이 파고들고 집착하는 이는 드물 것이다. 다산을 생각하고 저마다 살아온 자신을 돌아본다. 약간은 숨이 찬 오르막길이 될 수도 있지만, 이 길을 지나는 사람들의 얼굴에서 내려놓음을 본다. 모두가 평온한 얼굴이며 선한 얼굴이다. 세상의 다툼이나 경쟁, 욕망을 걷어 낸 얼굴이다. 다산이 자찬묘지명을 쓰고, 추사가 판전 현판 글을 쓸 때의 모습이다. 뿌리의 길은 어느새 가쁜 숨 뒤로 사라졌다.

학문의 길

🏛 다산초당

　다산초당으로 올라간다. 새로운 가쁜 숨과 함께 다산초당으로 올라간다. 사진으로 익숙했던 초당이다. 기와 대신 초가였다면 하는 아쉬움이 따른다. 남은 유분이 학문의 길로 인도한다. 500여 권의 저작은 한의 결정체였다. 다산은 저술에 대한 격을 논하였다. 사람의 덕성을 함양하고 삶의 바른 자리를 돌아보게 하는 것과 세상을 경영하고 백성에게 이로움을 주는 저작이어야 한다 했다.

　한편으론 독서에 진력했던 다산은 독서를 통해서만 자신과 자신을 둘러싼 세상을 변화시키는 원동력이라 했다. 독서를 가까이하지 않으면 삶의 정체나 퇴보가 두려운 법이다. 두 아들에게 보낸 편지에서도 폐족의 처지로 과거 시험을 보지 못함을 한탄하지 말고 독서를 게을리하지 말라는 당부를 잊지 않았다.

서암이 먼저 나타난다. 서암 뒤편엔 '정석'의 글자를 볼 수 있다. 제자들의 거처로 차를 마시며 학문을 탐구하는 곳인 다성각이라는 현판이 보인다.

聯 서암

다산초당, 동암의 현판은 추사의 글을 차용한 것이 우연일까, 다산과 추사의 연결성이 의도했든 아니든 절묘하다. 다산과 추사의 관계성을 억지로 끼어 맞추듯 현판에서 연결성을 하나 더 찾게 된다. **현대인이 만들어 붙인 현판마저 추사의 글을 집자하였으니 최상의 연결성이다.** 반면에 제주 대정의 추사기념관엔 다산의 글이든 편지든 한 자리를 차지하고 있을까? 아쉽게도 제주 추사관에는 다산의 소장품이나 관계성을 찾지 못하였다.

유배를 마치고 고향으로 돌아가기 직전 새겼다는 정석은 다산의 성씨인 정丁자를 따서 초당 앞 바위에 새겼다. 초당에 남긴 정표를 21세기 사람들이 찾고 읽는다고 생각조차 하지 못하였을 것이다. 한편으로 약천이 있기에 다산도 있었겠다. 맑은 샘물과 차나무, 다조가 어우러진 환경은 저술 활동의 최적 조건이다. 약천에 떨어진 동백꽃이 쇠락한 영화를 보는 듯하다. 차를 끓이기 위해서 다조, 즉 차 부뚜막이 필요하다. 솔방울로 숯불을 피워 찻물을 끓였다. 서두를 필요가 없다. 이제 차를 넣어 긴 유배 기간 만큼이나 뭉근히 찻물이 우려 나오기를 기다리면 된다.

정석

추사의 글은 즉각적이다. 서체에 대한 사전 지식이나 이해가 있으면 다르게 볼 수 있지만 문외한이라도 조형미를 파악할 수 있다. 그러나 다산의 저술은 즉각적이지 않다. 다산의 유산에 접근하기 위해서 관심을 가지고 읽는 노력이 필요하다. 그렇지 않으면 그저 500여 권의 기념비적 저작을 남겼다는 것과 저작물에 대한 후세의 평가만 알 수 있을 뿐이다. 목민심서, 경세유표, 흠흠신서를 망라한 저술 활동은 학문의 길에서 찾을 수 있다. 현실 세계의 개조는 개인의 열망과 책으로 남는다. 근본적인 제도개혁, 그것도 정치개혁이 없는 국가의 발전은 더디기만 하고 제2의, 제3의 다산만 고민한다. 다산의 시대나 지금의 시대나 마찬가지다. 정치개혁 없이는 사회와 국가의 개혁이 어렵다. 과거의 당쟁이나 지금의 당쟁도 여전하다. 정치는 국민을 편안하게 하는 것이 지고지순의 이념이건만 지금의 정치는 국민을 답답하고 피곤하게만 하고 있다. 그러나 패배적 당쟁이 아닌 사회발전의 연장선에 있는 논쟁은 필요하기에 누가 비난만 할 수 있겠는가?

▦ 약천

정치는 사회 구성원의 이해관계를 조정하거나 통제하여 국가정책과 목적을 달성하는 것이다. 그러나 국민의 지지를 받아 대리인이 되면 을이 갑자기 갑이 되기 쉽다. 그 과정에 소수의 선량한 정치가가 매도되기도 한다. 목민관의 자세를 설파한 다산의 저술은 공급자 중심의 논의가 된 것은 어쩌면 당연하다. 수요자가 받아들이지 않으면 국민을 피곤하게 만드는 공급자로 전락한다. 다산의 이상을 실현하려면 다산의 생각을 뒤집어 수요자, 즉 국민의 입장으로서의 목민과 경세로 새로운 해석과 편집이 필요하다. 갑인 국민이 을인 정치가에게 근본적인 물음부터 시작해야 한다. 기성 정치구조에 대한 근본적인 개혁은 목민이 아닌 오히려 목관牧官(정치 권력자를 다스림)[50]이 되어야 한다.

1814년 3월 영암군수 이종영[51](1797~1836)이 부친 이재의(1772~1839)와 다산초당을 찾았다. 이재의는 다산보다 열 살 아래, 그의 아들 이종영은 23세였다. 이재의가 영암군수로 있는 아들 종영을 위해 목민관의 자세에 대한 좋은 글을 다산에게 부탁해 남긴 글이 「영암군수 이종영에게 주는 글」두 편이다. 백성을 다스리는 비결이란 가상의 인물 간의 문답을 통해 전하고자 했던 것은 '염'

---

50) 조선시대 지방행정 단위인 목을 맡아 관리하던 정삼품의 외직이라는 의미가 본래의 뜻이지만, 여기서는 국민을 통치한다는 의미의 목민과 대칭하여 거꾸로 정치 권력자를 통제해야 한다는 의미이다.

51) 이종영은 1809년 무과에 급제해 1812년 12월 영암군수로 부임하였다. 당시 영암군수가 나주진의 병마절제도위라는 직위를 겸하고 있어 영암군수에 무관이 보임되었다. 아무리 무관 직위를 겸하여도 군수 자리에 무관이 보임되었다는 것은 200여 년이 지난 요즘 세상에도 좀처럼 찾기 어려운 선진적 인사정책이다.

이라는 글자 여섯 개였다. 3일간에 걸쳐 겨우 얻어간 여섯 자, 즉, 육자염결六字廉訣이었다. 공직자의 직무 수행은 청렴이 으뜸이라 하고 공직의 위엄과 엄정함이 청렴으로부터 비롯된다 하였다.

연지 석가산에 물뱀이 서식하고 있다. 여름날 뱀이 유영하는 것을 드물게 볼 수 있다. 다산처럼 뜻을 펴지 못하고 연지에 남아 남았을까? 연지를 파는 흙은 어디에 두었을까? 연지의 잉어를 보고 날씨를 찾듯이 연지의 물과 가운데 석가산을 보며 무엇을 꿈꿀 수 있을까? 비 오는 날 연지에 떨어지는 우수雨水는 비인지 우수憂愁인지 구분하기 쉬웠을까? 석가산 피어오른 푸른 나뭇잎에 매달린 빗방울은 기꺼이 연지로 떨어진다. 비가 오는 날이면 나뭇잎 더 푸르고 연지의 물망울 튀어 올라 안개처럼 자욱하다.

연지 석가산

연지 속 담긴 물은 투명하게 맑은 물이 아니다. 하지만 맑지 않다고 부패한 물은 아니다. 꽃, 낙엽, 풍진을 끌어안는 넉넉한 물이다. 세상의 미물도 함께 어우러져 산다. 고이지만 않으면 생명력을 유지한다. 그 생명력은 작은 세상, 생태에라도 활력을 부여한다. 고여 있어 정지한 것처럼 보이지만 끊임없는 생명 활동이 일어나고 있다. 세상의 이치와 조화가 쉴 새 없이 작동하며 돌아간다. 그래서 관어재觀 魚齋 현판 아래 문을 열고 연지 물속 작은 세상을 살피면 시름을 놓을 수 있었겠다. 연지를 보았는가, 연지 속의 생명을 보았는가, 아니면 석가산을 보고 이상 세계를 동경하였는가?

석가산은 허구임을 안다. 그러기에 석가산에 집착한다. 현실을 외면하고 도피하며 꿈꾸는 찰나이다. 이상과 현실이 교차한다. 순전히 마음이 일렁이는 대로 이리저리 흔들리는 것이다.

연지 석가산

동암은 다산과 제자들의 학문의 산실이다. 수많은 저술이 이루어진 과정은 자신의 처지를 잊고 몰입할 수 있는 방편이요, 제자들의 교육을 통해 아픈 심사를 지우고자 했을 것이다. 인간이 고립되거나 소외될 때 자신을 잡아주는 무엇이 필요하다. 다산에겐 학문과 교육만이 유일한 출구였을 것이다. 이 경우는 바람직한 방향으로 발현되어 후세에 큰 족적을 남기게 되었다. 각 개인이 취미생활에 몰입하거나 다양한 방편에 의지하지만 요즘도 예외가 아니다. 그중 사진기를 안고 세상을 주유하는 프로건 아마추어건 취미활동은 남의 눈치를 보지 않고 자기만족이면 족하지 않을까 하는 생각에 그들이 부럽다. 전문가의 눈이나 나름의 개념이 가미되면 타인까지 감동을 부여하고 삶을 추동할 수 있어 좋다.

구형 스마트 폰으로 강진만을 흔히 유행하는 방식으로 담았으나, '아뿔싸' 프레임에 갇혀 버렸다. 그나마 아래 난간을 제외한 세 변의 프레임이라 사방이 꽉 막혀버리지 않아 다행이다. 프레임 너머 강진만은 아련하고 보이지 않는 잔물결로 하여 시간이 정지된다.

🏛 천일각에서 바라본 강진만

　다산의 학문적 성취는 한풀이요 다시 돌아가지 못할 권력에 대한 비판이며 소외로부터 벗어나기 위한 몸부림이다. 우리는 소외되지 않기 위하여, 사회적 관계망에서 누락되지 않기 위해 수많은 관계를 설정하고 얽매인다. 자신의 불안한 처지를 조금이라도 회피하기 위한 수단을 찾는다. 그것이 취미생활이든 스포츠든 저술 활동이건 하나에 매달림은 순간에 끝나지 않고 지속적으로 이어가려 하는 관성이 있다. 사람의 본성이다. 사진작가가 평생 카메라를 들고 주유하는 이유 중의 하나도 불안감을 떨치고 무엇인가 찾아 끊임없이 주유하는 것처럼 보인다. 그러나 그저 그 자체를 즐기든 평생의 역작을 추구하든 예술이나 학문은 아무나 누구나 모두가 할 수 있는 것은 아니다. 어떤 분야든 소수의 사람들이 남긴 유산이나 지혜, 그리고 기저가 되는 지식이 그래서 소중한 것이다.

인간은 학문에만 파묻혀 있기도 쉽지 않다. 휴식 시간 때때로 처자식과 고향 생각, 흑산에 있던 형을 그리워했다. 천일각 보와 기둥 속을 프레임으로 보이는 강진만은 말이 없다. 예나 지금이나 수만 갈래 마음을 담고 화면이 정지되어 있다. 학문의 길은 제자가 오르내리던 길이고 다산이 고민하고 사색하던 길이었다.

睡因多病滅 愁賴著書寬

병이 잦아 잠도 따라 줄어드니
책을 쓰면 근심을 잊는다.[52]

다산의 시 중 근심을 잊는 방편을 책 쓰는 데 있다고 하였다. 다산에게는 학문의 길이 병도 근심도 잊게 하는 가장 쉬운 처방이다. 학자가 하기에는 제일 어려우면서도 쉬운 일이기도 하다. 양극단의 일이지만 우리에게 소중한 유산을 남겼다.

잃는 게 있기에 얻는 것이 있기 마련이다. 모든 것을 다 쥘 수는 없다. 인간의 한 생에 주어지는 희로애락은 총량제라고 생각하면 편하다. 무엇으로 방편을 삼을 것인지가 중요하지만, 작더라도 자신에게 맞는 일들이면 족하다. 큰 이름을 내지 못하여도 구석구석 소중한 일들을 실천하면 된다. 그것이 모여 세상을 바꿀 수 있다. 다산의 염원이다.

---

52) 구우久雨, 즉 장맛비라는 다산의 시 중 일부, 수인다병감 수뢰저술관(賴: 힘입을 뢰)

우정의 길

백련사(白蓮社) 가는 오솔길

쩌뿌듯한 하늘이 맑게 갠 어느 봄날, 냉이 밭에 하얀 나비가 팔랑거리자 다산은 자기도 모르게 초당 뒤편 나무꾼이 다니는 길로 발걸음을 옮겼다. 들판이 시작되는 보리밭을 지나며 그는 탄식했다. "나도 늙었구나. 봄이 되었다고 이렇게 적적하고 친구가 그립다니." 백련사에 혜장선사(惠藏禪師)를 찾아가는 길이었다. 벗할 만한 이가 없는 궁벽한 바닷가 마을에서 혜장은 다산에게 갈증을 풀어주는 청량제 같은 존재였다.

혜장은 해남 대둔사(大芚寺) 출신의 뛰어난 학승이었다. 유학에도 식견이 높았던 그는 다산의 심오한 학문 경지에 감탄하여 배움을 청했고, 다산 역시 혜장의 학식에 놀라 그를 선비로 대접하였다. 두 사람은 수시로 서로를 찾아 학문을 토론하고 시를 지으며 차를 즐기기도 했다. 혜장이 비 내리는 깊은 밤에 기약도 없이 다산을 찾아오곤 해서 다산은 밤 깊도록 문을 열어 두었다고 한다.

다산과 혜장이 서로를 찾아 오가던 이 오솔길은 동백 숲과 야생차가 무척 아름답다. 그러나 이 길에서 가장 아름다운 것은 친구를 찾아가는 설렘일 것이다.
보고 싶은 친구를 가진 기쁨, 친구를 찾아가는 길의 행복.

강진군
GANGJINGUN

🎞 백련사 가는 오솔길

진 붉은 동백나무 사이를 넘어간다. 혜장 선사와 동백, 그리고 다향을 찾아 고개를 넘는다. 백련사의 동백나무 숲은 천연기념물 제151호다. 5.2ha에 1,500여 그루가 군락을 이루고 있다. 초당에서 백련사 가는 오솔길은 800여 미터, 혜장 선사를 만나러 가던 길이다. 사색의 길이기도 하지만 봄날 검붉은 동백이 낙화하여 바닥을 붉게 물들이면 사색하기가 쉽지 않다. 오히려 벗을 만나러 가는 즐거움이 붉게 물들지 않았을까. 혜장의 세상에 대한 저항은 다산의 유배와 결합한다. 그들의 구원은 학문이요 차였다. 서로 구하는 바가 교환 대상이었기에, 그리고 서로에게 부족함이 없는 화수분이었기에 가능했다. 처음 딴 차는 매번 기다려지고 새로운 학문은 지적 갈증을 해소해 준다.

우정의 매개는 사람마다 다르다. 매개는 삶의 배경과 심성에 따른다. 또 우정의 길에는 설렘이 있다. 혜장이 비 오는 날 깊은 밤 기별 없이 다산을 찾고 다산은 초당 문을 열어둔다. 혜장의 번뇌는 술과 다산으로 다스린다.

우정의 길 옆 특이하게 자란 나무

혜장은 백련사에 물리적 흔적을 남기지 않았다. 다산은 초당에 학문을 남겼지만 혜장은 우리에게 다산과의 우정을 남겼다. 우정, 즉 벗과의 정이다. 정신적 유대감이란 환경과 살아온 배경에서 동질감이나 유대감을 공유한다. 물론 그 반대의 경우도 가능하다. 우정은 영원하지 않다. 다산과 혜장의 우정은 단명했다. 어느 누구의 책임도 아니다. 다만 신의 뜻일 뿐, 사별은 벗과의 아픈 헤어짐이다. 그러나 다시 후세에 만날 것에 대한 오래될 기다림이기도 하다. 함께 길을 걷고 담소할 때는 미처 몰랐다. 우정이 한순간 한 줌의 재로 사라질 때 비로소 깨닫게 된다. 부부의 사랑, 연인과의 사랑 그 모든 것은 우정의 범주에 들 수 있음에 다산과 혜장처럼 함께 할 때 최선을 다하고 있는가? 늘 그렇듯 말은 쉽고 실천은 어렵다. 우정은 먼 훗날 미화된들 무슨 소용이 있으랴? 현재의 우정이 소중할 뿐이다. "함께 할 때, 같이 있을 때 잘해." "헤어지고 후회한들 무슨 소용이 있니?", 더도 덜도 아니다.

🌿 우정의 길 동백나무

동백나무 역시 차나뭇과이다. 동백나무는 대나무, 소나무, 매화나무의 세한삼우에 빗대어 모든 식물이 지고 난 뒤 추운 겨울에도 정답게 만날 수 있는 세한지우歲寒之友다. 유달리 동백꽃의 꿀을 좋아한다는 동박새의 지저귐도 우정이다. 동백꽃말은 '그 누구보다 당신을 사랑한다'는 의미다. 그야말로 다산과 혜장의 우정이 동백꽃처럼 피었다 지었다. 또한 차가운 겨울에 피는 꽃이라 동백花이다. 설경을 물들이기에 순백 위의 붉은 꽃을 상상하면 그들의 우정도 붉게 가슴에 전해온다. 우리의 우정은 어디에 있으며 어떻게 지내고 있을까? 그 삶을 어떻게 사느냐에 달려있다.

▥ 백련사

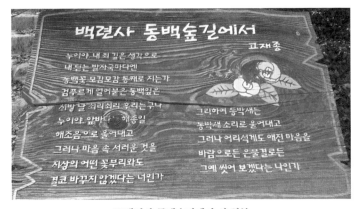

▥ 백련사 동백숲길에서 시 일부

백련사 초입에 백련사 동백숲을 거닐었던 시인은 혜장과 다산을 생각했을까? 단순히 누이를 떠올렸을까?

백련사 동백숲길에서

- 고재종[53]

누이야, 네 초롱한 말처럼

네 딛는 발자국마다에

시방 동백꽃 송이송이 벙그는가.

시린 바람에 네 볼은

이미 붉어 있구나.

누이야, 내 죄 깊은 생각으로

내 딛는 발자국마다엔

동백꽃 모감모감 통째로 지는가

검푸르게 얼어붙은 동백잎은

시방 날 쇠리쇠리 후리는구나.

누이야, 앞바다는 해종일

해조음으로 울어대고

---

53) 1984년 실천문학사의 시집 『시여 무기여』에 「동구 밖 집 열두 식구」로 등단하였고, 「백련사 동백숲길에서」로 2002년 제16회 소월 시문학상을 수상하였다. 시 속의 단어 설명은 다음을 참고: 벙글다(꽃망울이 맺히는 것), 모감모감(닳아서 줄어 없어지는 모양), 쇠리쇠리(반사된 빛으로 눈 부심), 쇠든(시들다의 강원도 사투리), 무명(미혹).

그러나 마음속 서러운 것을
지상의 어떤 꽃부리와도
결코 바꾸지 않겠다는 너인가.
그리하여 동박새는
동박새 소리로 울어대고
그나마 어리석게도 애진 마음을
바람으로든 은물결로든
그예 씻어 보겠다는 나인가.
이윽고 저렇게 저렇게
절에서 저녁 종을 울려대면
너와 나는 쇠든 영혼 일깨워선
서로의 무명을 들여다보고
동백꽃은 여전히 피고 지고
누이야, 그러면 너와 나는
수천수만 동백꽃 등을 밝히고
이 저녁, 이 뜨건 상처의 길을
한 번쯤 걸어 보긴 걸어 볼 참인가.

🏛 백련사 계곡의 동백 낙화

시인은 정제된 슬픔을 노래하고 "사는 곳 어디든 슬픔이 아니냐, 또한 사는 곳 어디든 기쁨이 아니랴"라고 한다. 역설의 미다. 누이는 다산과 혜장, 다산과 약전, 그리고 너와 나다. 낙화하고 흩어져 계곡의 흐르는 물에 몸을 싣고 다시 언젠가 만나게 될지 모를 화려함을 꿈꾼다.

엉뚱하게 우정의 길에서 프랑스 소설가 뒤마 피스의 춘희와 이미자의 동백 아가씨가 겹친다. 음악까지 억지로 덧붙이니 이탈리아 작곡가 베르디의 라 트라비아타가 등장한다. 라 트라비아타, 〈길을 잃어 방황하는 여인〉 또는 〈버림받은 여인〉이라는 제목의 오페라로 파리에서 뒤마 피스의 연극 춘희(동백꽃 여인)를 보고 작곡한 오페라라고 한다.

혜장은 시대의 반항아다. 불가의 몸으로 자유를 찾고자 끊임없이 고뇌와 번민 속에서 방황하였다. 결국은 젊은 나이에 요절하는 것도 영락없는 한 떨기 동백꽃이다. 혜장은 다산보다 열 살 어리지만 30세에 대둔사 주지가 된 선교 양종의 거두였으며 『아암집』을 남겼다. 혜장의 제자 초의를 통하여 다산과 추사의 인연은 계속되니 스승과 제자로서보다 깊은 우정으로 흐드러진 동백꽃과 함께 길을 간다. 유안진[54]은 '지란지교를 꿈꾸며'에서 말한다.

저녁을 먹고 나면 허물없이 찾아가
차 한 잔을 마시고 싶다고
말할 수 있는 친구가 있었으면 좋겠다.

그래서 혜장이 비 오는 날 깊은 밤 기별 없이 다산을 찾고, 다산은 초당 문을 열어둔 것이다. 다산이 벗 혜장에게 써준 시 회증칠십운 기혜장懷贈七十韻寄惠藏에서 훈수한다. 오늘의 우리에게, 특히 정치 권력자에게 말한다.

명성 있는 자 살펴보면
필경 다수의 미움을 받는다.
- - -
점점 이름이 날수록
비방은 열 배나 높아간다.

---

54) 시인 유안진은 1965년 현대문학에 「달, 위로, 별」로 등단하였고 단국대, 서울대 교수를 역임하였다. 공초, 목월, 김달진 문학상 등을 수상하였다.

최고의 위치에 이르면 얼마 있지 못하고 내려와야 한다. 그것은 아침, 아니면 저녁이면 도래한다고 다산은 제자들에게 당부하였다. 십년 가는 권력 없고 열흘 가는 붉은 꽃이 없다 했다. 동백꽃은 이 말을 극복할 수 있겠나. 사람이 아니기에 낙화한 동백꽃들은 여전히 조락한 모습을 보이지 않는다. 낙화하였을지언정 붉고 찬연한 모습을 쉽게 내어주지 않는다.

이제 다산의 뿌리의 길, 학문의 길, 그리고 우정의 길을 마무리하였다. 거의 10여 년간 겨우 세 차례에 걸쳐 강진을 다녀왔다. 강진은 가고 또 가고 싶은 곳이지만 생활에 바빠 큰마음을 먹지 않으면 다시 찾기가 쉽지 않다. 강진의 고요함은 복잡한 도시에서 벗어나 한가함을 주고, 강진만의 원경은 넉넉함과 편안함을 주었다. 언제

다시 강진을 갈 수 있을지 알 수 없지만, 다산과 함께 할 수 있는 시간이 또다시 기다려진다. 다산 유배길 4개 코스인 주작산 휴양림길, 사색과 명상의 다산 오솔길, 시인의 마을길, 그리움 짙은 녹색 향기길이 기다린다. 네 개의 길이 다시 기다린다.

 분노, 고난, 좌절, 아픔, 회한, 그리움, 희망, 성취가 뒤범벅이 된 유배길 내내 다산과 함께하여 즐겁고 행복하였으나, 때로는 가슴 시리게 아프기도 했다. 한편으로는 문득 정쟁의 희생자였던 다산의 시대처럼 여전히 정쟁에서 헤어나지 못하는 국가 현실에 자괴감을 떨칠수가 없었다. 다산이 그렸던 국가는 요원한 것인가? 그토록 갈망했던 정치개혁과 사회개혁은 거의 200년이 다 되어가지만 제자리걸음을 하고 있어 국민만 측은하다. 국민으로부터 가장 불신을 받는 정치계의 개혁을 위해 국민 한 사람 한 사람의 노력이 필요하다. 정치·사회개혁이 이루어지는 그 날까지 다산과 함께 인내하며 희망의 끈을 놓지 말아야 한다. 평범한 소시민의 용기와 집념을 이어 나가야 한다. 비록 다산은 미완성의 세상을 그렸지만, 정치와 사회개혁은 여전히 현재진행형이다. 우리보다 앞선 선진국들은 우리의 갈등과정을 거쳐 오늘에 도달하였다. 그나마 우리가 겪은 기간은 그들의 3분의 1 정도에 불과하다. 아직 갈 길이 멀기만 하다. 힘들긴 해도 한 걸음 한 걸음 앞으로 나아가야 할 것이다. 조급해할 필요는 없다. 이제 다산의 질문에 우리가 답할 때이다. 아니 세상의 범부ᄽᄎ는 생업에 바빠 거기까지 신경 쓸 여력이 없으니 정치 권력자들이 응답해야 한다. 제발 국민을 위해서 시민을 위해서 무엇을 어떻게 해야 할지를 고민하는 모습이라도 보았으면 좋겠다.

제주 대정

  전남 장흥 출신의 한승원[55]은 구도적 소설을 쓰곤 하였다. 동학군이 살았던 득량만 덕도에서 어부 생활(?)을 하다 문학가가 되었다 한다. 그의 딸 한강[56]은 2016년 영국의 맨부커상 수상으로 일약 명성을 얻었고 아버지 한승원의 가업을 이었다. 한승원은 소설 「추사」에서 말한다. "유배지에서의 삶은 절대 고독과의 싸움이기도 했으며, 정치가로서 품었던 높은 욕망과의 싸움이기도 했고, 한 인간일 뿐인 자기 자신과의 싸움이기도 했다"고 정의한다.

---

55) 1968년 신아일보 신춘문예에 「가증스런 바다」, 대한일보 신춘문예에 「목선」木船이 당선되어 창작활동을 시작했다. 1980년에 「그 바다 끓며 넘치며」로 한국소설문학상을, 1983년에 「누이와 늑대」로 대한민국문학상을, 1983년 「포구의 달」로 한국문학작가상을 수상했다. 고향인 남해안 지방을 중심으로 한 토속적 세계와 원초적인 생명력, 그리고 한의 공간으로서의 자연을 색채 미학과 풍부한 토착어를 통해 그리고 있다.(출처: 한국현대문학대사전)

56) 2005년 「몽고반점」으로 제29회 이상 문학상을 받았고, 2016년 5월 「채식주의자」 The vegetarian로 영국의 맨부커 국제상을 수상하였다.

🖾 추사가 제주로 귀양 가는 길에 대흥사를 들러 초의선사와 해후하여 써준 전남 해남 대흥사
(한때 대둔사로 불리다 지금은 대흥사) 무량수각 현판 ⓒ제주 추사관

추사가 대정으로 귀양 가는 길에 대흥사에 남긴 글과 고창 들러 남긴 시가 그의 자존심과 자괴감을 한꺼번에 표출하고 있다. 대흥사 무량수각의 글은 윤택한 주류 사회의 그림자가 남아있고, 시는 자존심을 넘어 억울함을 토로한다. 추사체에 대한 지식이 일천한 필자는 이상하게 둔중한 대흥사 무량수각 현판 글이 거슬린다. 순전히 개인적 취향이다.

子瞻文章世希有

謫向江波動星斗

소동파[57]의 문장은 세상에 흔치 않은데

유배길은 강물이 하늘과 맞닿을 만큼 멀기만 하네.

---

57) 중국 북송시대 시인이자 학자이며 정치가였던 동파 소식(1037~1101)의 자가 자첨子瞻이다.

　길을 재촉해 해남 일지암에서 초의를 만난 다음 날 해남 이진을 출발해 제주 화북에 도착하였다. 송시열, 최익현도 거쳤던 삼남대로의 출발점이고 종착지가 해남 이진이었다.

　화북 포구에서 약 4km 거리에 제주성이 있다. 제주 목사에 인계되어 마지막 도착지인 대정으로 출발해야 했다. 요즘은 제주도 내 다른 곳보다 상대적으로 덜 붐비는 모슬포항은 대정읍에 있다. 제주국제공항에서 시외버스를 타면 시점이 제주요 종점이 모슬포항이다. 서부 중산간을 잇는 평화로 1135번 도로를 따라 시외버스를 타고 일부러 느리게 갈 수 있다. 제주읍 화북포구에서 출발하여 대정현이 종점인 추사의 제주 유배길이 어쩌면 지금과 흡사하다.

🏛 추사가 강진을 떠나 도착한 제주 화북포구(전면)

🏛 추사가 강진을 떠나 도착한 제주 화북포구(측면)

　화북포구 도착 3일 후 돌길을 걷고 무성한 밀림 속을 거쳐 대정 현에 도착했다. 아마 중산간을 통해 갔을 것이다. 결코 편안하지 못 했던 대정大靜, 즉 '큰 고요함'이라는 마을 이름이 역설적으로 정겹기 만 하다.

추사 유배길의 시작은 추사 적거지와 제주 추사관에서 시작한다. 흔히 1코스, 2코스, 3코스라 하여 1코스는 집념의 길, 2코스는 인연의 길, 3코스는 사색의 길로 이름 지어져 있다. 1코스 중 정난주[58] 마리아 묘역은 집념의 길, 제주 올레 11길과 겹치며 천주교 순례길인 정난주 길(빛의 길)이다. 자, 이제 추사 3길을 따라간다. 1, 2길의 출발지점은 제주추사관에서, 3코스인 사색의 길은 대정향교에서 시작한다.

🏛 추사 유배길 안내도

오설록(8km)
서광승마장 (7.5km)
곶자왈 (5.6km)
검은굴
노랑굴
추사와 매화 (4.3km)
제주옹기박물관 (3.2km)
추사와 감귤(1.7km)
수월이못(1.1km)
한남의숙터 송계순 집터 (1km)
송죽사터(0.2km)
제주 추사관(출발지점)
정난주 마리아묘 (2.8km)
정온유허비 (0.7km)
드레물
단산과 방사탑 (6.1km)
세미물 (6.6km)
대정향교 (출발지점)
추사와 전각(0.2km)
산방산
추사와 건강 (2.6km)
추사와 야호(5.3km)
추사와 사랑 (4.9km)
안덕계곡 (10.1km)

제주도

— 1코스
— 2코스
— 3코스

---

58) 다산의 맏형 정약현의 딸로 17세인 1791년 황사영과 결혼했다. 황사영은 어린 나이에 장원급제하여 정조의 총애를 받았으나 천주교 입교 후 황사영 백서사건으로 순교하였다.

제주 유배문화 스토리텔링 사업으로 2011년 추사 유배길이 만들어졌다. 제주 올레가 큰 인기를 얻자 만든 길이 추사 유배길이다. 추사가 집념의 길, 인연의 길, 사색의 길을 지금의 길처럼 돌아보지는 않았을 것이나 군데군데 그 길에서 추사의 흔적을 찾을 수 있다. 그러나 추사 유배길이 문을 연 지 7~8년이 지나자 그 길 역시 조락하고, 세간의 관심에서 멀어지고 있다. 어쩔 수 없는 일인가?

　1코스인 집념의 길은 제주 추사관에서 시작하여 송죽사터, 송계순 집터, 드레물, 동계정온유허비, 한남의숙터, 정난주 마리아묘, 단산과 방사탑, 세미물을 거쳐 대정향교까지다. 8.6km, 걸어서 3시간 정도 소요된다. 2코스 인연의 길은 8km, 3시간 정도 걸린다. 제주 추사관에서 출발하여 수월이못, 추사와 감귤, 제주옹기박물관, 추사와 매화, 노랑굴, 검은굴, 곶자왈을 거쳐 서광승마장, 오설록에 이른다. 3코스인 인연의 길은 10.1km, 4시간여 소요되고 대정향교, 추사와 전각, 추사와 건강, 추사와 사랑, 추사와 아호, 추사와 창천을 거쳐 인덕계곡에서 끝난다.

　추사 3길을 걷기 위해 제주공항에서 시외버스를 타고 모슬포 종점에 내린다. 시점에서 종점까지니 명료해서 좋다. 모슬포 바닷가 숙소에서 여장을 풀고 본격적인 추사 3길을 나선다. 이번에도 역시 세 번째 답사로 마무리하였다.

　인위적이고 작위적인 추사 3길이지만 추사 유배길을 걷는 의미는 순전히 여행자의 마음에 달려있다. 지금은 이렇듯 아름다운 길이 추사에겐 고난과 분노의 길이었으며 유분의 길이었다. 제주에서 살아보기 열풍이 불고 있는 지금과는 달리 제주가 처절하고 치열했던 생존의 '큰 고요' 속이었다.

"추사에게 길을 묻다"라는 주제를 품은 길들에서 우리 자신에게 묻는 길을 따라가야 한다. 가족과 친구를 그리워하고, 제자를 기르며 무수한 시와 글, 그리고 유배의 외로움 속에서 정치적 복권을 너무나도 갈구했던 나날들이 유배길을 따라 파노라마처럼 펼쳐진다. 너무나 화려했던 시절을 뒤로하고 개별화된 천 길 낭떠러지에 떨어진 9년여 기간은 다산에 비하면 훨씬 민낯을 보여준 한 인간 그 자체였다. 모진 고난, 상심, 분노, 박탈감, 고독과 절망을 감내한다는 것은 나약한 인간에게는 감당할 수 있는 수준을 넘어섰을 것이다. 순간순간을 벗어나기 위한 몸부림과 함께 제주 바람에 바싹 말려낸 추사체와 세한도, 그리고 500여 개의 호는 무엇을 의미하는가? 추사의 걸명과 편지 속에서 시대의 천재보다는 고뇌와 번민으로 나날을 지새운 평범한 한 인간을 발견한다.

집념의 길

추사 3길 중 1길인 집념의 길을 제주 추사관부터 시작한다. 지하 2층 지상 1층의 전시실은 건축가 승효상의 놀라운 안목의 산물이다. 영락없는 세한도 속의 집이다. 고즈넉이 쌓은 돌담을 따라

정난주마리아묘
한남의숙터 동계정온유허비
송계순집터
송죽사터
드레물   **제주 추사관**
남문지못
당산과 방사탑
세미물
제주도
대정향교

집념의 길 안내도

적막이 흐른다. 여행객들로 붐비지 않아 한가하고 여유 있는 주변 풍광에 편안함을 더한다. 계단을 타고 입구로 들어가면 원 없이 추사체를 감상할 수 있다. 독특한 건축 기법과 지하에 전시장을 배치한 건축가의 배려가 돋보인다.

　제주 추사관의 전신은 1984년 제주지역 예술인들과 제주사 연구자들의 노력으로 건립된 추사유물전시관이다. 2007년 10월 추사유배지가 국가지정문화재로 승격되면서 새롭게 제주 추사관을 완공하였다. 기념홀을 비롯해 3개의 전시실과 교육실, 수장고 등의 시설을 갖추고 있으며, 부국문화재단, 추사동호회 등에서 기증한 '예산김정희종가유물일괄', 추사 현판 글씨, 추사 편지 글씨, 추사 지인의 편지 글씨 등을 전시하고 있다.

제주 추사관 앞

1층으로 올라가면 세한도의 둥근 창으로 햇빛이 들어온다. 어두침침한 텅 빈 공간은 임옥상의 조각으로 말이 없다. 빈 공간에 어두운 색조로 아래를 응시하는 추사 흉상은 주변 공간으로 인하여 외롭다. 추사 흉상의 등 쪽에서 빛을 마주 보고 바라본다. 추사 흉상 어깨 너머로 세한도의 둥근 창으로 햇빛이 스며들었다.

* 추사 흉상과 추사관 중정

제주 추사관

🏯 제주 추사관

영인본이기는 하지만 모든 전시물 중 빠뜨릴 수 없는 것은 역시 세한도다. 소나무와 전나무, 그리고 극도로 생략한 집을 보고, 1884년 동지사를 따라간 제자 이상적이 청나라 당대 석학 16인으로부터 받아 온 그림에 대한 찬사를 본다.

세한도, 제자 우선 이상적(1803~1865)이 많은 책을 구해 보내준 데 대한 고마움의 표시로 그려준 그림이다. 세한도 속 초가의 모습이 건축가 승효상의 작품[59] 속에 러시아 인형 마트료시카처럼 빛난다. 주류 사회에서 배척되고 사라져도 추사는 그림으로, 그리고 건축으로 남는다.

---

59) 제주 추사관을 세한도 속의 그림과 같은 형상으로 설계하여 전시관을 지하로 배치한 건축가의 빼어난 안목과 영감에 감탄한다.

歲寒然後知松柏之後凋

날이 추워진 뒤라야 소나무와 전나무가 늦게 시듦을 안다

'세상 사람이 권세와 이익을 좇는다'는 발문은 과거의 영화를 뒤로한 본인의 처절한 독백이요 세상에 대한 신랄한 비판이다. '바다 건너 초췌하게 말라 버렸다'는 자신의 고난과 고독이 추운 겨울 제주 바람에 꼿꼿이 버티고 있는 소나무와 전나무에게는 극한의 내생성을 남겼다. 창백하다 못해 파리함만 남긴 그의 글씨는 세상에 저항하고 자신을 잃지 않으려는 치열한 독백이다. 다시는 돌아갈 수 없는 권력의 세계를 반추하며 제주의 바람에 뼈마디 하나하나 말리고 있는 것이다.

제주 추사관에서 파는 세한도 복제본은 만원이다. 구겨지지 말라고 종이 원통에 고이 넣어 판다. 2014년 처음 제주 추사관을 방문

했을 때 구매하여 사무실 근처 화방에서 표구를 하였다. 표구비 3만 원이니 총 4만 원짜리다. 추사관에서 족자형으로 파는 것보다 비싸게 되었다. 소박하다. 사무실에 걸어 놓고 힘들 때마다 본다. 마음의 위안이다. 휑하니 을씨년스런 그림은 인내, 또 인내의 길로 인도하였다. 추운 겨울 변하지 않는 지조와 항심을 보고 또 읽는다.

▦ 일만 원짜리 복제본을 약식 표구한 것이다.

이렇듯 개인적 취향이나 가치관에 따라 달리 다가온다. 1884년 제자 이상적이 세한도를 들고 장요손을 필두로 하는 당대 중국 최고 석학 16인으로부터 받아 온 그 어떤 찬시보다 시인 서안나[60]의 시 '세한도를 그리며'로 말미암아 세한도 제찬의 모든 해석에 종지부를 찍었다. 지금까지의 그 어떤 표현보다 뛰어나고 처절한 유장미로 추사의 고독, 애증, 욕망, 회한을 극대화한 것이다.

---

60) 시인 서안나는 제주 출생, 시집으로 『푸른 수첩을 찢다』, 『플롯 속의 그녀들』 등이 있으며, 1990년 문학과 비평 신인상, 1991년 한라일보 신춘문예에 당선되었다.

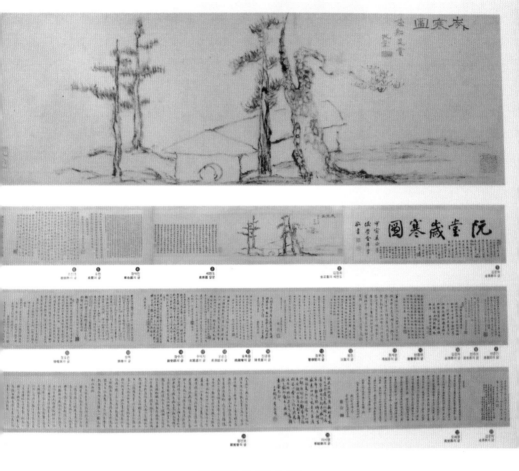

🖼 세한도 ⓒ제주 추사관

세한도를 그리며

- 서안나

오늘도 시간이 내 처소를
늙은 개 마냥 쩔뚝이며 지나간다네.
낮에는 구름에 걸린 소나무를 쳐다보았다네.
문득 손끝에 잡히는 수염이 하도 길어
허름한 종이를 깔고
녹슨 가위를 숫돌에 갈아
끝이 갈라진 머리카락과 수염을 잘랐다네,
종이 위로 내 꿈이 솔잎처럼 쏟아져 내렸다네.
내 남루한 꿈으로 노송 한 그루를 그렸다네.

상적 잘 지내시는가?
자네가 보내준 책 잘 읽고 있다네.
북경에서 어렵사리 구한 책을 보니
자네의 따뜻한 마음씨가 부드럽고 향긋한 먹 내처럼
내 가슴에 파고든다네.
오늘은 바다에 앉아 바다를 보았다네.
수많은 손과 발로 게처럼 부지런히 몰려드는 파도는
나에겐 형벌의 다른 이름일 뿐이라네.
이제는 너무 들추어 낡아버린
사람들의 얼굴을 기억하려 애써본다네.
눈물 젖은 환한 한양의 밤을 떠올려 본다네.

자네도 제주 이곳에 와보면
와서 눈이 내리는 겨울 바다를 보면
바다와 권력이 닮았다는 걸 알게 될 걸세.
육지에 뿌리내리기 위해
저렇듯 끊임없이 몰려들어 스스로를 부셔져 내리는 파도를 보면
조정신하들이 쥐새끼 같은 낯으로 붉고 푸르게 차려입고
왕궁으로 몰려들어 자손만세 영화를 꿈꾸는
그 권력의 허망함을 생각하게 된다네.
그래서 제주의 바람에는 꿈의 입자들이 묻어있다네.
제주의 바람은 증폭되는 야망의 전조가 묻어 있다네.
아직도 내가 나를 놓아주지 못하는 증거라네.

오늘은 제주의 젊은 유생들과
실학에 대해 난상토론을 벌였다네.
나라 안은 천주교 문제로 골치를 썩는다지만
아직 이곳은 조용하다네.
젊은이들과 학문을 논하고
나는 바닷가에 와 앉아 있다네.
이럴 때면 난 바다 속으로 난 사람의 길을 생각한다네.
내 유배의 꿈은 깊고 깊어
바다에도 길을 만들 것 같네.
내 꿈이 엄청나게 거대해져 천마가 되어
바다를 등에 업고
내 마음처럼 설레는 이 섬을

한양에 내려놓고 싶다네.
바다에 눈발이 녹아드는
이런 날 그대와 술 한 잔을 기울이며 우리 바다가 되어봄은 어떤가.
오늘 저녁은 자네의 곧은 마음을 떠올리며
파도소리에 허리가 휜 노송이나 한 그루 그려보려 한다네.
내 안의 아직은 혼탁한 피로 말일세.
옹이마다 바다의 상처가 엉겨 붙어 있다네.
유배의 아픈 꿈이 담겨 있다네.

내 처소에서 하룻밤을 지새워보면
움직이지 못하는 것들의 발이
말하지 못하는 것들의 혀가 되고 싶어진다네.
절대 고독의 품 안에 안기면
눈과 귀가 꽃잎처럼 열려
짐승들과 바람과 바다의 언어를 알아듣게 된다네.
오늘처럼 내 마음에 태풍이 몰아치는 밤이면
바다가 내게 와서 나 대신 울어 주기도 한다네.
나는 소나무 안의 바다를 그리며
그 바다 안에 햇살처럼 번진
완벽한 조화의 힘을 찾아 순례자처럼 떠돈다네.
한양의 젖은 꿈들이 내 속눈썹을 적시며 밀려오고 있으이.
내가 그린 늙은 소나무들이 칼처럼 단단한
내 젊음의 정신을 안고
그대에게 날카롭게 손톱을 세우며 떠나간다네.

나도 한 조각 마음으로 그대에게 흘러가고 싶다네.
노송 하나 다시 정갈하게 그려본다네.

사람은 사람 곁을 떠나서야
온기를 그리워하게 되는 것인가 보네.
이곳은 걸어서는 닿을 수 없는 곳
나의 처소에는 섬사람 몇이
산짐승처럼 조용한 발걸음으로 다가와
방문 앞에 말린 생선 두어 마리와
삶은 감자 바구니 놓아두곤 사라진다네.
그것들을 달밤에 책장을 넘기며 먹다 보면
목에 온기가 가시처럼 걸려 눈물이 흐르곤 한다네.
따스한 사람의 온기에
내 몸은 아프게 달아올라 황금빛으로 빛나기도 한다네.
밤마다 나는 나의 꿈을 놓지 못하여
나는 내 마음에 가시를 키운다네.
내 정신이 아프다네.

다중의 번민은 인간이기에 피할 수 없다. 물은 혼탁해지면 오염물질을 가라앉히고 제거되어야 사용할 수 있기에, 때를 기다려야 하는 법이다. 세한도 오른쪽 위, 아래의 우선시상藕船是賞과 장무상망長毋相忘61)은 제자에 대한 깊은 감사와 신뢰, 애정을 전한다.

---

61) 우선은 이상적의 호로 제자에게 보라는 뜻, 그리고 장무상망은 서로 오랫동안 잊지 말자는 의미이다.

후일 제자가 스승 추사의 부음을 듣고 지은 시62) 한 수다. 그 스승에 그 제자다. 사람이 죽으면 슬퍼하며 지은 시라는 의미인 만시晚詩야말로 남은 자와 떠난 자의 의식의 고리를 잇고 있다. 시의 이해는 대의를 해치지 않으면 각자 마음 가는 대로 해석하면 된다.

知己平生存水墨素心蘭又歲寒松

평생 나를 알아준 건 수묵화, 소심란,
그리고 추운 겨울의 소나무였다.

🈳 여균사청 ⓒ제주 추사관

전시실을 하나하나 훑고 있다. 여균사청如筠斯淸, 제주 추사관 벽면에 전시되어있는 현판이다. 푸른 대나무같이 청렴함이란 뜻의 고졸한 예서체이다. 추사의 또 다른 호인 노완老阮, 낙관의 김정희인金正喜印, 완당阮堂을 본다. 각 글자의 독특한 표현을 놓치지 않으려 하지만 그림

---

62) 추사를 위한 만시晚詩

108

으로 본다. 청淸자의 조형성은 한 그루의 소나무가 기대고 있는 듯한 폭의 그림이다. 한편엔 또 다른 탁본에 시선이 머문다. 추사를 비롯한 많은 이들이 때로는 작은 창의 햇빛을 관조하고 외로운 심사를 달래기도 했을 것이다.

작은 창에 햇빛이 밝게 드니
나로 하여금 오래 앉아 있게 한다. [63]

해배 후에 살았던 서울의 강상에 칠십이구초당이라는 편액을 달았단다. 찰나의 행복은 우연히 다가온다.

🔲 소창다명 사아구좌 탁본 ⓒ제주 추사관

---

63) 중국 전한 말기에 초연수가 저술한 역서易書인 역림易林에 나오는 글이다. 역림은 주역을 역사적 기록과 아울러 글을 운율에 맞춰 삼언시와 사언시 형태의 문학적 접근을 시도한 역서이다. 小窓多明 使我久坐 白雲如帶 有鳥飛來가 원전이다. 국내에서는 『초씨역림』焦氏易林이라는 서명으로 다수가 출판되어 있다.

추사관을 나와 적거지로 발길을 옮긴다. 처음에 머물렀던 송계순의 집이다. 2년을 머물렀다. 수성초당, 귤중옥이라 불리던 강도순의 집으로 옮겨 해배 때까지 지냈다. 강도순의 집 근처 대정성 남문 근처 귤나무가 보인다. 그래서 귤중옥이다. '우뚝 선 지조와 향기로운 덕'을 품은 집이라 강변한다.

▥ 감귤밭

▥ 정낭(제주의 독특한 대문 형태로 필요 없는 문이라기보다 주인의 생활 활동상황을 알려주는 배려의 목적)이 걸쳐진 추사 적거지

다산과 마찬가지로 당시 달리 가질 수 있는 직업이 없었기에 교육과 학문에 열중한다. 그 시절 선택지가 없는 것이다. '까닭 없이 실사구시의 삶이란 무엇인가'라고 자문한다. 법정 스님(1932~2010)은 평생 무위도식하는 것을 괴로워했다. 알로이시오 신부(1930~1992)와 마리아 수녀회의 수녀들과 같은 많은 희생과 봉사로 전 생애를 바친 성자들도 있었다. '오! 마이파파'라는 다큐 영화를 보면 실천적 삶이 무엇인지 알려준다. '울지마 톤즈'의 이태석 신부(1962~2010)의 헌신적 삶과 연결된다. 책보다 영화가 더 빨리 닿는 것은 영화의 존재 이유다. 어떻게 보면 노동을 하기에 적합하지 않은 다산, 추사, 법정 스님과 같은 이들은 지식 생산자와 전달자의 역할이 더 중요하다. 종교계의 사회적 역할과 성직자 본연의 자세에 대한 생각이 이르자 갑자기 머리가 혼란스럽다. 법정 스님은 2008년 8월 15일 여름 안거 해제 때 말하였다. "절에 들어와 살면서 50년을 밥이며 집이며 옷이며 공짜로 얻어 쓰면서 많은 빚을 졌다. 고생한 것보다 거저 얻은 것이 너무 많았다. 몹시 부끄러웠다. 앞으로 남은 생애 동안 이것을 기억하고 은혜를 갚는 일에 좀 더 노력해야 한다."[64] 비단 종교인만의 몫이 아니다. 지금의 정치인들이 새겨들어야 할 말이다.

64) 법정, 『일기일회』, 문학의 숲, 2010, p.60.

🔲 제주 대정 삼의사비

추사 적거지 동문 터 밖 삼의비로 다시 돌아온다. 집념의 길 중 걷게 될 정난주의 묘[65]와 더불어 가슴 아픈 역사가 대정읍성 한쪽에 외로운 비석으로 서 있다. "종교가 본연의 역할을 저버리고 권세를 등에 업었을 때 생겨나는 폐단에 교훈적 표석이 될 것이다"는 글로 시작하는 이 비는 '이재수의 난'으로 불리는 1901년 신축년 민란을 이끈 이재수·오대현·강우백 세 사람을 기리는 비석이다. 조선 개항 후 프랑스는 천주교를 앞세워 세력을 확장하고자 했다. 제주도에는 1899년 처음으로 천주교가 전래되어 1901년에 이르면 영세자 242명, 예비 신자 700명에 이를 정도로 교세가 확장되었다. 당시

---

65) 본서 p.118~120의 정난주의 묘 부분을 우선 읽고 삼의사비를 찾아보는 것을 추천한다.

천주교는 신부가 지닌 치외법권[66]을 이용해 특권을 누리려는 부패한 관리 및 지방 세력들과 결탁해 급속히 교세를 확장하였다. 그러나 당시 천주교는 민간신앙에 의지해 살아왔던 제주민의 정서를 무시하였고, 시정잡배까지 합세해 제주민과 충돌을 일으켰다. 이에 항거하여 1901년 마침내 이재수를 중심으로 대정지역의 농민 세력은 천주교도 타도를 분연히 외치며 일어섰다. 과도한 세금 수탈에 대한 민초의 마지막 저항이기도 하였다. 한때 제주성을 함락하여 지금의 보물 제322호인 관덕정 앞에서 천주교도 수백 명을 살상하였다. 그후 프랑스 함대가 출동하고 조정에서도 군대를 파견해 난을 진압하였고, 이재수·오대현·강우백 등이 붙잡혀 서울로 압송되어 처형되었다. 프랑스는 당시 돈으로 6,315원의 배상금을 제주민에게 부과하는 등 정치·경제적인 보복을 하였다. 결국은 민초가 일부 왜곡된 정치·종교 권력에 이용당한 결과였다.

추사 유배길과 아무런 관계가 없는 이 사건은 정치권력의 희생자였던 추사가 대정에서 해배되어 떠난 50여 년 후의 일이었다. 정치권력과 결합된 종교권력의 또 다른 대정 유배길의 흔적이다. 추사 유배길이었던 대정이 이재수의 난의 진원지였던 것이다.

또 하나 천주교 대정성지 정난주의 흔적과 극단적으로 대비된다. 정치, 종교, 문화, 언론, NGO 등 어떠한 권력이든 시대와 상황에 따라 양면의 얼굴을 가질 수 있다는 가슴 아픈 흔적이다. 권력의 투쟁

---

66) 프랑스 신부와 천주교도에게 조선의 왕이 직접 내린 신표인 여아대如我待(나, 국왕처럼 대하라는 뜻)를 이용하여 특권을 행사하였다.

은 현기영[67]의 소설 「변방에 우짖는 새」와 1999년 개봉된 박광수 감독의 영화 〈이재수의 난〉을 통하여 또 다른 권력의 희생을 본다.

권력의 투쟁과 유지를 위해 유배와 해배가 반복되었다. 지금의 수많은 권력, 정치, 경제, 사회, 문화 권력은 물론 곳곳의 권력들 간 투쟁의 산물이다. 지금의 보수니 진보니 하는 이념 투쟁의 본질도 결국 권력의 쟁취라는 세속적 목적 아래 하나의 수단과 도구였다. 그래서 유배의 역사는 권력투쟁의 산물 중 하나이다. 그러한 권력은 명령과 억압, 그리고 폭력과 연결될 수 있기에 유배의 형태를 낳는다. 그러나 부정적 권력의 의미를 탈피하여 자유로운 권력이 가능한 것일까? 또 긍정적이며 생산적인 권력이란 존재하는가?

송죽사 터는 말 그대로 터만 남았다. 정온의 절개를 송죽에 비유해 지은 사당이다. 추사의 작품이라는 송죽사 현판 역시 터만 남겼다.

한남의숙터는 1925년 추사 적거지 강도순의 증손자 강문석이 설립했던 민족교육기관으로 일제의 탄압으로 1928년 폐교되었다. 자존감을 가진 가문의 가풍이나 전통은 그래서 필요한지 모른다. 어느 곳에든 선의는 남아있으나 악의로 시작하여 선의로 포장된 후세와 대비된다. 후세가 무슨 죄가 있겠냐만 선의의 후손이 과거의 풍파로 인해 고통받는 사회가 되지 않도록 세심한 배려가 필요하다고 특정 날만 되면 뜻있는 사람들이 환기를 시키지만, 그때뿐. 그들의 고통은 계속되고 있다. 선조가 잘못했다고 후손까지 책임을 져야 한

---

67) 현기영은 1941년 제주에서 출생한 작가로 제주 4.3사건, 이재수의 난 등 역사와 인간애에 대한 깊은 성찰로 감춰진 현대사의 아픔을 되살려 낸 소설가이다. 2013년 제12회 아름다운 작가상, 1999년 제32회 한국일보 문학상을 수상하였다.

다는 것은 아니지만 노블레스 오블리주의 사회적 책무를 다하여야 한다. 그런 사람이 많아야 이 사회가 그럭저럭 이라도 돌아가고 미래의 희망을 가질 수 있을지 모르겠다.

　동갑의 벗 초의는 1843년 제주로 건너가 6개월, 해배 후 강상에서 2년을 추사와 보냈다. 초의는 42년간 추사와의 우정을 뒤로하고 추사가 과천서 유명을 달리하자 해남 대흥사 일지암에 돌아가 말년을 지냈다. 초의는 허련을 추사 문하에 보내었고 허련은 1841년 2월에서 6월, 1843년 7월부터 이듬해 봄, 마지막으로 1847년 봄까지 총 세 차례 추사를 찾았다. 집념의 길에서 순박한 제주민들, 먼저 유배온 이들, 당시 공직자와 제자 초의, 허련과의 교유를 통해 다졌던 집념의 여정이었고 이어 시작하는 인연의 원천이었다.

집념의 길 이정표

추사 유배길 이정표 위에 빈 캔을 누군가가 버리고 갔다. 아마 관광객이 버렸을 것이다. '깨진 유리창의 법칙'이 적용될 것이다. 교육의 문제다. 남녀노소에 관계없이 행위 자체에 문제의식이 결여되어 있다는 반증이다. 어른은 어른대로 학생은 학생대로 사회질서와 공중도덕을 강조하는 시대는 멀어졌다. 애가 길에 쓰레기를 버려도 부모는 아무런 제재도 없다. 부모나 애나 무엇이 문제인지도 모른다. 그 원인은 복합적이다. 그걸 생각하면 길어지겠다. 추사 유배길에서 이런 생각마저 끼어들어 왔다. 그나마 다른 길에 비해 방문객이 적어 덜하겠지만 관광지치고 그렇지 않은 곳이 드물다. 누군가가 지적하고 신고하는 정신이 적반하장의 행위로 인해 정의를 방관하게 만든다. 다산과 추사의 유배길의 의미를 국민 모두가 깨달을 수 있도록 교육, 또 교육이 필요하다.

▥ 동계 정온 유허비

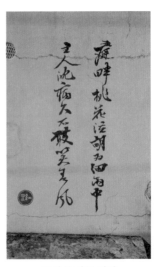

▥ 마을 건물 벽면

다시 대정은 깊은 적막을 울린다. 시외버스 종점인 모슬포, '사람이 못 살 곳'이라는 뜻의 모슬포에서 출발하여 온 대정은 적막하고 고요함이다. 동계 정온은 적막지빈,寂寞之濱 그러니까 적막한 물가 유배지라 했는데 옳은 말이다. 지금의 대정 보성초등학교 정문 옆을 지키고 있는 동계 정온의 유허비가 말없이 서 있다. 정온은 대정에서의 위리안치의 유배 생활을 북쪽, 동쪽, 남쪽 삼면은 울타리가 모두 처마에 닿아서 하늘을 볼 수 없고 서쪽에서만 볼 수 있어 마치 우물 속에 앉아 있는 것 같다 하였다.

동계 정온(1569~1641)은 거창 위천 사람으로 당파와 관계없이 소신이 뚜렷했던 정치가였다. 대북파[68]로 분류되었던 그가 광해군 시대에 제주도로 귀양을 갔다. 광해군이 폐위되고 난 후에도 노론이 중심이었던 인조 시대 때 병자호란(1636년)을 겪게 된다. 김훈의 소설 「남한산성」과 영화 속의 김상헌처럼 1637년 2월 24일 인조가 청에 굴욕적 항복을 위해 성문을 나서는 날 정온은 할복하였다. 예순일곱의 나이에 그의 아들이 배를 꿰매어 목숨을 부지할 수 있었으나 이후 거창 위천에서 은거하며 살다 생을 마감한 인물이다. 조선시대 500년 역사에 제주로 유배 온 200여 명 중의 한 사람이다. 동계 정온이 해배된 후 약 200여 년만인 1842년 대정으로 유배 온 추사가 당시 제주 목사였던 이원조에게 부탁하여 세운 비가 바로 동계선생유허비다.

비 너머 어린애들이 뛰어놀고 있다. 늘 곁에 있는 비는 아무런 감

68) 대북파는 광해군 시대 일종의 여당이었다. 동계 정온은 광해군 때 영창대군의 처형이 부당함을 상소하다 10년간 대정에 유배되었다가 인조반정으로 해배되었다.

흥이 없을 것이다. 설령 의미를 본다 해도 그 뜻을 배우지 않으면 하나의 돌에 불과하다. 애나 어른이나 할 것 없이 마찬가지다. 그게 개인의 관심과 취미와 연결되어 있기 때문이다. 보고 싶은 것만 보는 것이 인간의 특성이고, 그런 생각의 바탕으로부터 발생한 오류가 문제의식을 비껴가게 한다. 그러나 의외로 이름 없는 각 분야의 고수가 이 길을 지난다. 홀로 의미를 찾는 게 아니라 수많은 민초가 소리 없이 유배길을 음미하며 지나고 있다. 무엇이든 사전에 공부하여 보는 것이다. 아는 만큼 보인다 하듯 작품 하나 벌레 하나도 그 속에 담긴 의미나 특성을 알 때 다른 세상이 열리는 것이다. 이 역시 수고나 약간의 고통을 수반한다. 세상엔 공짜가 없다. 그러나 얻을 수 있는 결과는 의외로 다양하여 큰 감동이나 희열을 가져다줄 수 있다.

정난주의 묘

종교인이 아니라도 많은 여행객이 찾는 곳인 정난주 마리아 묘역에 들었다. 다산의 조카로 1791년 황사영과 결혼하였고, 1801년 신유박해 때 벌어진 황사영백서 사건으로 남편은 순교하였다. 이때 정난주(1773~1838, 마리아)는 제주도에, 아들 경한은 추자도에 유배되었다. 추사가 제주 유배를 오기 2년 전인 1838년 일이었다. 정난주 마리아는 다산의 큰형인 약현의 딸로 대정에서 무려 37년간 귀양살이를 하였다. 조선왕조실록의 최장기간 유배기록은 다산의 19년이니 정난주의 유배 기간은 상상을 초월한다. 그는 홀로 대정현 관노로 유배되었지만 신앙의 힘으로 주민을 교화하고 존경받는 여성이 된다. 유배 38년째인 1838년 숨을 거두자 주민들이 이곳에 유해를 안장하였다. **다산의 조카가 추사 유배길에 잠들어 있다.**

제6회 제주 4·3 평화문학상 수상작이 2018년 3월 20일 결정되었다. 소설가 김소윤[69]의 「정난주 마리아-잊혀진 꽃들」[70]이다. 심사위원[71]들은 "제주도의 역사와 풍토와 서민과 노비들의 학대받는 아픈 삶을 바탕하고 있는 이 소설은 제주도의 역사와 함께 영원히 기억돼야 하고 오늘 부활시켜야 하리라 생각된다"며 "조선이라는 봉건시대의 변방에 놓여있는 제주라는 어떤 차별성을 정난주라는 한

---

69) 김소윤은 2010년 전북도민일보 신춘문예에서 단편소설 「물고기 우산」이 당선되며 작품 활동을 시작했다. 같은 해 한겨레21 손바닥 문학상에 단편소설 「벌레」가 당선됐다.

70) 당초 제목과는 달리 소설명을 「난주」로 바꾸어 2018년 11월에 ㈜은행나무에서 단행본으로 출간하였다.

71) 심사위원 세 사람은 소설가 김석희, 송기원, 한승원이었는데 그중 소설가 한승원은 앞서 언급한 소설 『추사』의 저자로서 관계성이 현대에까지 이어지는 것이라고 하면 지나친 비약일까?

여인의 핍진[72]한 삶과 연결시키는 작가의 진정성이 감동으로 다가왔다"고 하였다. 주민들에게 서울 할머니, 그러니까 서울 할망으로 불리었던 정난주 마리아의 묘역 입구에는 이름 모를 묘지가 밭 가운데서 남아 황량하다. 제주의 묘는 산담으로 둘러싸여 있고 혼백의 출입구인 시문이 있다. 잘 정리된 정난주의 묘와 달리 황량한 들판과 밭 한가운데에 있어 신산하기만 하다. 삶과 죽음의 경계가 모호하다. 강한 비바람과 척박한 삶을 이어갔던 제주민의 잔영이다.

소설가 김소윤은 말한다. '민중이 역사의 주인공'이라 한다. 그러나 출발은 다르지만 삼의사비의 이재수였든 정난주, 추사, 다산이었든 권력과 멀어지면 모두가 하나의 민초[73]가 되어 잊혀지고 이름 모를 꽃이 된다. 기록으로 남은 몇몇만 후세에 회자된다.

🔳 이름 모를 묘지

72) 핍진逼眞은 좀처럼 일상에서 사용되지 않는 말이지만 '진실하여 거짓이 없다'는 뜻이다.

73) 민중, 민초 등의 용어가 일반 서민이나 국민들에겐 그다지 의미를 가지고 있지 않다는 생각이다. 그저 평범한 서민이라는 뜻으로만 받아들여 주면 좋겠다.

4.3 사건[74]은 지금도 논쟁 중이다. 이는 보수와 진보, 좌·우의 문제가 아닌 인간에 대한 사랑, 화해와 용서로 보아야 한다. 평화와 인권까지 갈 것도 없다. 더 이상 민초가 권력 다툼의 도구가 되지 않기를 바라는 것은 지나치게 순진한 우리네 바람일까?

범부는 스러져 이름 없는 묘지로 남는다. 후세에 기림을 받아도, 자랑거리가 되어도, 망자는 말이 없다. 남은 자의 알량한 자부심과 허세만 자리한다. 한 줌 재가 되고 흙이 되어 흔적만 남겼다. 후세는 무엇을 생각하고 어떻게 바라보아야 하는가? 시간은 찰나일 뿐이다. 세상의 숨은 자는 시간의 의미를 알고 있다. 진정한 시간의 의미를 모르는 자는 권력의 시간만을 알고 있다. 권력은 더 한 찰나이다. 추사는 어느 쪽을 택했을까? 늦은 나이 55세에 귀양 온 필부의 가슴에 남은 것은 진정한 시간이었을까. 그리고 그는 평온한 시간Time Serenity를 찾을 수 있었을까?

▨ 단산과 방사탑

74) 4.3 사건의 자세한 내용은 유홍준, 『나의 문화유산답사기7』, (주)창비, 2012, pp.62~74를 참고.

자연 앞에 인간의 나약함을 본다. 마을의 안녕을 바라는 소박한 마음을 왜곡할 필요는 없다. 민초의 소망을 본다. 방사탑이 우뚝 서 있다. 탑을 세워 나쁜 기운을 막아 준다. 방사탑과 석상은 투박하고 거칠지만 따스한 온기를 느낀다. 단산을 배경으로 거친 제주를 어루만져 준다. 석상을 세운 이도, 오늘 이를 보고 있는 자도 쓸쓸함과 안녕을 비는 마음이 공존하고 있다. 석상은 어디를 응시하고 무엇을 대변할까? 거친 제주의 현무암을 다듬어 세운 동자상에서 무엇을 바라고 무엇을 찾고자 했을까?

대정향교로 간다. 멀리 단산이 보인다. 158m, 산방산은 395m이다. 단산은 한옥의 팔작지붕처럼 생겼다. 원추형 화산체로 거대한 박쥐가 날개를 편듯한 모습이어서 바굼지 오름이라 하였다. 한자어 자체로는 대바구니를 닮아 단산이라 하고 제주 방언으로 바굼지라 하였다. 어쨌든 한옥 지붕으로 보든 박쥐로 보든 보는 이의 자유다. 단산 아래 수선화는 벌써 꽃이 졌다. 대정향교에서 길을 맺는다. 추사 3길 중 가장 사연이 많은 길이었다. 그만큼 할 말도 많았다. 끊임없는 질문이 이어지나 답변은 언어로 남길 수 없다. 고요와 적막이 대답을 대신한다. 집념의 길이 다시 큰 고요함으로 빠져들었다.

인연의 길

추사 3길 중 2길은 제주 추사관부터 시작한다. 하지만 거꾸로 방향을 잡는 것도 좋겠다. 유배 생활 중 한 번쯤 들렀을 법한 인연의 길을 화북에서 대정 적거지에 들어가는 길을 잡는다. 오설록의 차, 처음 보는 제주의 말방아, 매화의 오랜 주인이라는 매화구주梅花舊主의 추사 인장에서 전해진 매화꽃을 본다. 곶자왈 지나치며 밀림의 그늘 속에서 하늘빛이 실날처럼 보였다고 했던 길이 모든 사물과 함께 인연으로 맺어지는 것이다.

제주도

추사와 차(오설록)
추사와 편지
추사와 말
곶자왈
검은굴
노랑굴
추사와 매화
추사와 감귤
수월이못
제주 추사관

🔳 인연의 길

🔳 인연의 길가 인장 전시품

다시 법문집 『일기일회』一期一會에서 법정 스님이 말한다. 지금 이 순간은 생의 단 한 번의 시간이며, 지금 이 만남은 생의 단 한 번의 인연이라는 뜻이다. 그렇다. 우리를 포함한 각자에게 단 한 번의 생과 인연이 주어진다. 소중한 시간과 관계이기에 최선을 다해야 한다는 말이다. 그런데 단절된 개인의 생과 인연이 시간의 흐름과 더불어 과거의 생과 인연이 현재의 생과 인연으로 승화되고 재생된다는 것은 놀랍고 감사할 따름이다.

재주옹기박물관을 지나면 추사유배길정보센터 무인카페 옥호로 '남음이 있는 집'이라는 의미의 유재留齋가 보인다. 창덕궁 낙서재 현판의 글을 옮겨 놓았다. 매우 어울리는 옥호다. 추사의 제자 남병길의 호로 제주 유배 시절 제작한 현판을 육지로 가져가는 도중 바다에 빠뜨렸고 후에 소치가 일본에서 찾아왔다는 이야기가 전하는 현판이다. 추사는 현판에 "다 쓰지 않은 재물을 남겨 국민에게 돌려주라"고 적었다. 현판에 새겼듯 가슴에 새겨야 할 자는 누구인가? 국민의 선택을 받아야만 가능한 권력은 그 권력을 부여받은 자의 양식에 달려있다. 하지만 상당수의 권력자는 차선이라도 바라는 표의 행사가 차악을 강요당하는 현실을 개선하는 것은 제도의 개선에서 출발한다. 하지만 그것이 실현될 것 같지 않은 현실이다.

인연의 길은 굳이 의미를 두고 걸을 필요는 없을 것 같다. 우리가 만든 길들의 의미를 찾는 것이다. 추사와 관련된 편지, 매화, 감귤의 흥취를 느끼면 된다.

🏛 수월이 못 인연의 길 이정표

　수월이 못에서 추사의 편지를 읽는다. 처지를 하소연하는 편지가 많으나 굳이 한글로 쓴 편지가 34통, 그중 15통이 유배지에서 썼다. 대부분은 부인에게 보낸 편지다. 1842년 추사는 부인이 죽은 사실을 모르고 부인 사후 하루 뒤, 그리고 5일 뒤에도 편지를 보냈다. 가족을 그리워하고 염려하는 글이자 자신의 어려움을 호소하는 글이었다. 손편지, 느린 편지, 편지는 젊었을 때 고향을 떠났을 때의 옛추억이다. 평생 간직할 수 있는 대상이 소중한 편지다. 아무리 세상이 바뀌어도 남녀노소에 관계없이 쓰기 어렵고 고통스럽기도 하지만 쓸 수밖에 없는 것이 편지다. 편지를 보내는 대상은 행복할 수도 또 불행할 수도 있지만 마주 보고 이야기를 나누지 못하는 상대를 한정된 언어로 대화를 요청하는 것이다. 그리고 그렇게 받은 편지를 평생 간직한다는 것은 또한 아름답다. 안부 편지, 연애편지, 감사편지, 여행 편지. 그리고 세상의 모든 편지는 잘 쓰든 못 쓰든 펜을 들고 종이 위에 눌러쓴 편지를 보내고 받는 그 자체가 아름다운 것이다. 편지를 배달하는 사람들은 손편지를 보면 가장 먼저 전해 주고 싶은 마음이 일어난다 한다.

추사가 인연의 길을 어떻게 다녔는지는 알 수 없으나 대정을 중심으로 제주의 여러 지역을 다니며 때로 행복하게, 쓰라리게, 걱정을 하며 다양한 감정을 끊임없이 제주의 자연과 교감을 했을 것이다. 그 와중에 다양한 관계로 연결되어 있었던 다산에 대한 생각 역시 문득 떠올렸을 것이다. 초의와 허련, 그리고 차를 통해서 그랬을 것이다. 인연은 여러 가지를 통해서 일어나지만 매우 한정적이다. 인연의 지속은 한정된 시간 속에 머무른다. 그렇지만 그 인연은 글로 남았다.

제주의 날씨가 여느 날씨처럼 변화무쌍하다. 늘 온화하게 청명한 자연의 모습만을 보여주지 않기에 그 속에 느끼는 감정 역시 가지가지로 갈라질 수밖에 없다. 수만 가지의 인연으로 하여 때로 즐겁기도 하고 때로 고통스럽기도 한 것이 인생이다.

아련히 구름 속 한라산이 보인다. 당시의 제주는 지금의 제주와 달랐다. 차, 말, 매화, 귤 등 인간의 인연보다 홀로 느꼈을 제주 자연과의 인연이 먼저 다가올 수 있다. 문득 세상의 인연이란 인간 간의 관계뿐만 아니다. 스쳐 지나가는 매화 한 떨기, 감귤 하나가 인연으로 다가온다.

 다산이나 추사가 그렇게 걸명했던 차 한 잔에 담긴 깊은 이치는 마음의 여유가 없을 때 여유를 제공하고, 여유가 있을 때 세상을 관조하게 되는 것이다. 오설록의 차는 그때의 차가 아니다. 그러나 오설록에서 한잔 차를 마신다. '차를 끓이는 다로茶爐의 향이 향기롭다'는 추사가 일로향실이라는 편액을 써서 제자인 소치 허련에게 보낸 것이 일지암의 편액이었다.

귀양살이하는 적거라는 제한된 공간에서 쓸쓸함과 두려움을 다스리는 다향이다. 속진, 세상의 티끌을 털어내기 위해 '물을 평하여 차를 회상한다'는 편지를 초의에게 보낸다. 일로향실의 공간은 적거지와 일지암을 동일시한다. 문지방 너머 눈 내린 추운 겨울 한 일ㅡ자처럼 홀로 다리던 다향은 적막 속에 무심의 영역에 든다. 문득 세찬 바람이 문풍지에 부딪치면 다향도 등잔의 불에 흔들린다. 춥고 메마른 방안에 훈향이 번진다. **다산이 혜장 선사에게, 추사가 혜장의 제자 초의에게 걸명한 차는 같은 강진의 차였을 것이다. 다산과 추사의 차는 지금의 강진에서, 제주의 오설록에 이어져 있다.** 시대는 달라져도 품종이 달라도 차의 향기는 동일하게 전한다. 차의 전문가면 더 좋지만, 그저 차만을 마시고 그 차의 느낌만을 품을 수 있으면 된다.

🏭 오설록 차밭

등잔불 아래가 아니라도 카페의 어두운 조명 아래 차와 함께 다향을 접하고 관조할 수만 있다면 더 바랄 것이 없다. 등화불명,燈火不明 등잔 밑이 당연히 어둡다. 말 그대로 가까이 있는 것을 잘 알지 못하고 찾지 못하지만, 조금 떨어져 멀리서 보는 것이 그만큼의 리스크를 벌충할 수도 있지 않을까? 때로 등잔불을 마주 보지 말고 등지고 앉아 본다. 자신의 그림자가 보인다. 등화불명이 그다지 중요한 것은 아니다. 그리곤 이내 세속의 속됨으로부터 벗어나 자유로운 영혼은 한가함과 나들이 한다. 다만 그것 역시 일시적임을 안다. 영원한, 그리고 불가역적 깨달음이란 존재할까. 종교의 문제가 아니다. 여러 계를 넘나드는 것은 인간의 피할 수 없는 숙명이다. 다만 인간이기에 다시 제자리에 돌아오곤 할 수 있느냐가 더 중요하다. 가끔씩이라도 원래의 자리로 돌아오지 못한다면 너무 끔찍한 삶이 되지 않겠나.

사색의 길

제주의 1월 꽃은 수선화다. 제주 추사관에서 만나는 수선화는 집념의 굴레에서 피어난다고 하면, 사색의 길에서 문득 만나는 수선화는 지난겨울 피었던 꽃이

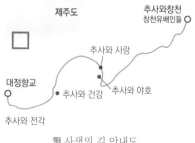

■ 사색의 길 안내도

하나둘 사라지고 회상으로 남았다. 대정 움막에서 나날이 초췌해지는 몸을 이끌고 눈을 뜨면 사방에서 보이지만 지인들을 그리워하는 고통으로 눈을 감아도 가슴속 회한만 누증된다. 차라리 꽃이 피어도 오지 않는 소식에 안달한다. 그리고 다시 찾아올 겨울을 알면서도 하릴없이 또 기다린다.

꽃이 지고 다시 필 때까지가 반복되지만 희망과 그리움의 끈을 놓지 않고 있다. 제주 마을 현무암 돌담길 아래 수선화가 무성하다. 수선화의 제주 방언 말마농. 말이 먹는 풀, 즉, 쓸모없는 마늘이란 뜻이란다. 너무 흔해 소나 말의 먹이로 쓰이고 밭두렁의 수선화는 잡초처럼 뽑힌다. 수선화를 좋아했던 추사가 제주 사람들이 함부로 대하는 것을 안타까워했다던 수선화다. 이렇듯 지천에 늘린 민초이기에 더 아름다운 것이다. 관상용으로 그치지 않고 우마의 먹이로, 심지어 잡초 취급받는 민초의 꽃이요 풀이기에 수많은 여행객의 가슴을 하얗고 노랗게 물들인다.

제주 수선화 1

- 김순이 [75]

너는 곁에 두어도

멀리 떠돌고

---

75) 시인 김순이는 1988년 시 「마흔 살」 외 9편을 발표하면서 문단에 등단한 후, 『제주바다는 소리쳐 울 때 아름답다』 등 다수의 시집을 통해 제주의 혼과 풍광을 노래하는 작가이다.

그리워 손을 뻗으면
허공 집히는 어느 날
슬픔에 접은 채 끝나는
마지막 악장樂章처럼
눈이 내린다

지독하구나
내 미움
겨울 한가운데
꽃으로 피어
외로움 더욱 외롭게 하는
사랑 되는가
너는 곁에 두어도
멀리 떠돌고

　시인은 삶의 언저리에서 만나는 수선화에서 겨울꽃이 추운 눈 속
에 피어나는 외로움에 배회하고 있다. 가까이 있을 때 소중한지 모
른다. 멀게만 두고 겉돌면서 추사의 그리움은 수선화로 응어리진다.
　추사는 시름을 수선화로 씻었다. "때마침 수선화를 대하니 귀한 선
비 모습이 떠올랐다" 추사는 제자를 생각하고 후에 수선화를 보낸
다산, 아니 그 누구라도 수선화를 통해 지인을 회상했는지 모른다.
Brother Four와 양희은의 일곱 송이 수선화, 추사와 시인 김순이

의 수선화는 시공을 관통한다. 다산과 만났던 정호승의 시 '수선화에게'도 지천에 널린 민초였던 것이다.

울지 마라.
외로우니까 사람이다.
살아간다는 것은 외로움을 견디는 일이다.
--- ---
새들이 나뭇가지에 앉아 있는 것도 외로움 때문이고
네가 물가에 앉아 있는 것도 외로움 때문이다.

📷 제주 수선화

Seven Daffodils

I may not have a mansion.

I haven't any land.

Not even a paper dollar to crinkle in my hand.

But I can show you mornings

on a thousand hills

And kiss you and give you seven daffodils.

– – –

🎏 사색의 길 이정표

대정향교에 든다. 여느 향교와 마찬가지다. 하지만 추사의 글이 남아있기에 특별하게 생각할 뿐이다. 그 특별한 흔적을 찾기보다 대성전 마당을 무심히 바라보며 앉아 있다. 시간이 멈춘다. 바람도 숨죽인다.

▥ 대정향교 공덕비

의전당 뒤 서성이다 순간 마주친 수많은 공덕비가 눈살을 찌푸리게 한다. 사색의 길을 출발하는데 이런 마음이 들어도 괜찮을까? 생경한 공덕비는 남은 자의 위안일까? 다시는 지워지지 않게 돌에 새겨야 할 사연이나 치적이 많았을까? 다행히 건물 뒷마당에 배치되어 보지 않으면 그만이지만 보고야 말았다. 어쨌든 그 많은 치적(?)이 역사로 재탄생하고 향토사의 편린이 되었으면 좋겠다.

🏛 대정향교 원경

  추사와 전각, 추사와 건강, 추사와 사랑, 추사와 아호, 이어진 사색의 길을 지나나 공덕비 탓인지 머리에 들지 않는다. 집념의 길과 인연의 길에서 고민이 지나쳐서인지 모르겠다. 작위가 싫어선지 모른다. 갑자기 작위의 길을 걷고 싶지 않다는 뒤틀린 생각이 일었다. 작위를 그대로 받아들이기가 싫었다. 그냥 주어진 사색의 길을 받아들이기가 싫었다. 전각과 건강과 사랑과 아호가 생뚱맞다는 생각에 이른 것이다. 순간 사색은 사라지고 속 좁은 반감만 남는다. 그래선 안 된다. 사색의 화두를 없애는 것이 낫겠다. 아무 생각 없이 시간이 멎은 듯 길을 지나는 것이다. 사색의 긴 길에서 오히려 사색이 배제되고 무심만이 남는다.

  추사인보의 전각은 추사의 많은 작품 속에서 만난다. 추사와 전각의 의미는 불멸의 인장과 증거를 남기고자 했다. 추사만이 아니다.

과거로부터 현재까지 이어져 오는 방식이다. 불현듯 안중근 의사가 남긴 손가락 잘린 손바닥 인장에 이른다. 혈서를 쓰기 위해 잘랐던 넷째 손가락의 결핍이 뇌리에 선명하다. 안 의사의 옥중 유묵 26점은 보물 제569호로 지정되어 있다. 급기야 안 의사에 이르자 또다시 작금의 정치가 생각나고 답답하다.

사색의 길 마무리는 안덕계곡이다. 안덕계곡 상록수림 지대는 천연기념물 제377호이다. 추사가 좋은 물을 찾아 안덕계곡까지 갔다. 창고천 물이다. 수선화는 낙화하였지만, 안덕계곡의 제주 참꽃은 붉게 계곡 틈새 물들였다. 제주특별자치도의 꽃이다. 즉, 도화이다. 추사는 어느 봄날 영산홍(제주 참꽃)을 노래했다. 수선화가 지면 그 공허를 참꽃이 메워준다, 수선화는 물론 계절에 따라 피고 지는 꽃들은 앞뒤 다투며 반겨준다. 이름 모를 꽃들로 이 땅에 늘 새롭게 시작하고 반복되는 것이다.

한라산 남서쪽 삼형제 오름에서 발원하여 바다로 나가는 안덕계곡이다. 추사가 물 좋은 창천에서 유배 생활을 했던 권진응[76]을 부러워했고, 임관주[77]가 유배 생활이 풀리고 다시 찾을 만큼 아름다운 곳이란다. 추사 유배길이 아니었으면 다른 제주 올레길만 헤매고 다녔을 것이다. 이런 원시림을 만날 수 있어 행운이었다. 추사가 유

---

76) 권진응(1711~1775)은 조선 후기 문신으로 추사보다 약 70여 년 전인 1771년(영조 47) 대정 창천에서 유배 생활을 하였다.

77) 임관주(1732~?) 역시 상소 문제로 인하여 대정 창천에서 3개월여 유배 생활을 하였다.

안덕계곡

배로 인하여 어쩔 수 없이 찾았든, 현시대인이 위안을 찾아 이곳을 찾았든, 추사 유배길을 오지 않았다면 평생 인간사의 한계를 벗어나지 못했을 것이다. 유배로 하여 민초의 삶을 알고, 가족의 그리움, 친구의 우정, 삶의 고통과 회한, 그리고 아름다운 제주의 자연을 보게 되었다.

이제 추사 유배길을 마무리하였다. 후세에 과장되거나 포장되는 것은 결코 나쁜 것은 아니다. 역사를 남긴다는 것은 본인은 모르지만 후세의 사람들은 그를 기리고 노래한다.

대개의 정치인이 오욕의 기록으로 남을지, 영광의 기록으로 남을지 고민하기란 쉽지 않다. 눈앞 가림에 정신이 없다. 각자 개개인이 중요하지 대의는 핑계에 불과하기 때문이다. 아마 추사는 영욕을 뒤로하고 변방이 되었기에 더 절실하게 깨달았을 것이다. 젊은 시절 화려했던 권력의 중심에 있었기에 처절한 유배로 끝난 자신의 생을 되돌아보는 것이다. 지금도 마찬가지다. 때로 어쩔 수 없이 체념하기도 하지만 사회적 유배를 경험하지 않은 자는 영원히 권력의 나락에서 헤어나지 못할지도 모른다.

그리고 추사를 따라간 길은 훨씬 인간적이었다. 고독과 욕망 사이 번민했던 한 인간의 모습이 유배길에 고스란히 스며있었다. 행복과 불행은 늘 공존하는 법이다. 아무리 고난의 유배길이라 해도 제주의 길은 찬란했다, 언제와도 정겹고 아름다운 길이다. 그 풍광 속의 적막과 아름다움은 과거의 영욕은 뒤로하고 오로지 지금의 화사한 봄 길일 뿐인 것이다. 평생을 제주에서 사는 제주민의 마음을 알 수 없지만 멀리서 바라본 이방인에겐 늘 가고 싶고 아름다움이 드리운 제주이자 대정이다.

추사의 고뇌가 담긴 길은 역사가 되어 가라앉고, 새로운 이야기로 역사를 떠오르게 한다. 추사 유배길이 집념의 길, 인연의 길, 사색의 길로 다시 태어난 이유다. 제주인이 창조한 3개의 길은 추사와 함께 면면히 이어가고 새로운 길로 재탄생할 것이다. 거기에 추사의 수많은 이야기가 보태지고 수많은 사람의 발길로 하여 외로운 사람, 슬픈 사람, 고뇌에 찬 사람, 행복한 사람, 설렘을 가진 사람, 박탈과 배제로 울분에 찬 사람, 각각의 사람들로 더 윤택한 길이 될 것이다. 각자에게 그 길의 의미는 달리 다가오겠지만 추사의 유배길은 집념, 인연, 사색을 넘어 평온과 행복으로 대체된다.

자유의 길

다산과 추사는 권력을 추구했고 한편으로는 권력투쟁의 패배자요 피해자였다. 권력에 대한 인간적 욕망은 유배로 인하여 고통받고 유분을 학문과 글로 극복하려 몸부림쳤다. 권력의 한 가운데서 완전히 배제되었을 때만이 비로소 깨닫고 권력에 대한 일말의 욕망을 내려놓게 된다.

권력, 다른 사람의 행동에 대해 자신의 의사를 타인에게 강제할 수 있는 힘이다. 기업가와 회사원, 부모와 자식, 어른과 아이 간 등의 일반적인 권력 관계보다 정치권력은 강제력의 동원성과 사회구성원에 대한 동일한 적용성이 특징이다. 또한 지속성을 지닌 정치권력의 경우는 매우 예민하고 사회적 영향력이 지대하다. 그렇기 때문에 권력을 향한 욕망과 변방으로 밀려난다는 두려움은 외부로부터 비롯되었든 자생적이었든 예나 지금이나 다를 바가 없다. 그래서 권력이란 무상한 줄 알면서도 헤어나지 못한다. 정치인, 경제인, 학계, 공직자 등 소위 사회를 이끌어가는 이들이 서민의 애환과 어려움을 고민하는 경우를 찾기가 쉽지 않다. 그나마 우리 사회가 돌아가는 것 같지만 몇몇 깨어있는 사람들의 다과^{多寡}에 따라 발전하기도 하고 퇴보하기도 한다. 인재가 없다고 한탄하지만 재야에 수많은 인재가 포진해 있다. 대부분의 인재는 역량은 갖추었으나 사회적 갈등 속에 휩쓸려 들어가기를 꺼린다. 반면에 사명감이나 의식, 자질은 부족하나 현실을 즐기는 자들로 넘쳐나는 사회다. 비록 흙수저 출신이거나 법 없이 살 수 있는 사람 역시 권력을 잡거나 기득권에 편입되면 개구리 올챙이 시절을 쉽게 잊는 게 인간이다. 다만 그렇게 변한 자신을 다잡거나 깨닫기가 쉽지 않다.

다산의 고시 24수 중 14·15에서 "양반은 학문을 하지 않아도 자연히 공직에 오를 수 있지만, 서민은 아무리 뛰어난 능력을 가졌더라도 벼슬길이 막혀있다. 지체 높은 양반 가문에서 태어나면 귀한 신분이 되고 어린아이에게조차 꾸짖는 법을 가르치며 자라서 오만해졌다"고 일갈한다. 소위 금수저, 흙수저의 논리 역시 작금에 하나도 변한 게 없다. 게다가 정치권력뿐만 아니라 경제권력에도 비슷한 현상이 벌어진다.

배부른 자의 유희가 만연하고 있다. 일부 개념 없는 정치인이 우리 사회에 판을 치고 있다. 정치인의 명함, 홈페이지, SNS에는 꿈, 희망, 국민에게 봉사, 국민행복, 국가의 미래, 국민과의 소통이라는 언어유희가 난무한다. 공직을 희화화한다. 허언과 포장으로 국민의 눈을 가린다. 국가적 이슈에 대한 국민의 다수 여론을 무시한다. 때로는 소수의 여론도 존중되어야 한다고 역공한다. 법과 제도를 이용하여 그들만의 리그 속에서 국민의 표를 볼모로 위선의 가면 뒤에 숨어있다. 아집과 독선에 매몰되면 거의 빠져나오기가 어렵다. 예나 지금이나 달라진 것 없는 정치에 다산의 외침은 메아리에 불과하다.

어느 순간 온 사회가 적폐청산의 소용돌이 속에 빠져있다. 구태나 부정의 청산은 우리 사회가 반드시 거쳐야 하는 과정이다. 정치가 적폐를 청산하는 중심인 만큼, 진정한 선진국으로 도약하기 위한 마지막으로 남은 적폐청산의 대상 역시 정치이기도 하다.

세상은 돈을 좇는 수많은 무리가 할거한다. 권력을 좇는 무리들이 할거한다. 세상의 소시민은 돈과 권력에 치이면서도 희망을 잃지 않으려 한다. 그러나 역시 생업에 바빠 주변의 이런저런 일들을 챙겨볼 겨를이 없다. 사회는 모순이 누적되고 양극화는 심화된다. 극단적 경쟁 사회에서 한가하고 자유로운 삶이란 말이 무색해진다. 몇몇 우리끼리 잘살자는 것은 권력 지향일 뿐이다. 이것이 인생이기도 하다. 그래서 각자의 노력이 필요하고 공정한 기회를 부여하는 사회를 만들어야 하는 책임이 우리 앞에 놓여있는 것이다. 이는 제도와 시스템을 통해서만 지속가능하다.

권력이라고 반드시 비난받고 척결해야 하는 대상은 아니다. 다만 조건이 있다. 갑을관계, 복종과 지배의 권력이 아닌 다산이 말하는 수평적 권력을 통한 국민을 편안하게 할 수 있는 공동체적 권력, 존중과 존경받는 권력일 때 가능하다.

유배 생활로 끝맺은 다산과 추사. 다산형 인간과 추사형 인간, 그 어느 것이 시대의 피해자인지도 구별하기 어렵지만, 여전히 고난과 인내 속에서 큰 국가적·사회적 족적을 남긴 사례도 많다. 세상은 그나마 선량한 사람들로 인해 지탱되지만 지나친 경쟁과 같은 사회적 스트레스나 경제적 어려움 등이 그들을 벼랑으로 내몬다. 상당수의 정치인은 시도 때도 없이 부나비같이 부와 권력을 탐한다. 국민이나 시민은 안중에도 없다. 그나마 의식 있는 정치인들도 다수의 기득권 세력에 묻혀 명맥만 유지하고 국민이나 시민은 대안이 없는 현실에 좌절하고 신음한다. 정치 혐오와 절망에 익숙해져 버린다. 심지어 그런 한가한 생각을 할 만큼 시민의 생활도 녹록하지 않다. 급기야 무관심으로 내몰린다.

세상을 피한다고, 마음대로 조용히 살 수는 없다. 사회적 동물이기에 아무리 현실을 외면하고 안분지족해 살기도 쉽지 않다. 정치적 탄압을 받아 유배라도 갈 수 있다면 차라리 그게 낫다는 생각에 이를 수도 있다.

다산은 말한다. 백성을 다스리는 사람은 네 가지 두려워해야 할 것이 있다 하였다. 백성을 다스리는 사람이란 정치인, 공직자만 해당되는 것은 아닐 것이다. 경영인, 심지어 시민단체를 비롯한 NGO, 언론까지 포함한다. 두려워해야 할 것은 대간臺諫과 조정朝廷, 백성과 하늘이라 하였다. 상사나 인사고과, 실적과 평가 등만을 두려워하고 민초와 하늘은 쉽게 무시하기도 한다. 국민 앞에 갑질하고 저 높은 하늘의 무서움을 외면한다. 일부 정치인은 표를 구걸하다 목적을 달성하면 소위 군림하기 시작한다. 권력의 자리에서 그 권력을 누리고 사용하는 것을 자신의 능력으로부터 부여되었다고 착각한다. 국민을 무시하는 것이다. 선량하게 시작한 일부 사회적 권력자역시 자신도 모르게 위선 속에 매몰된다. 한마디로 변질되어버리는 것이다. 권력투쟁을 위해서는 피아 식별과 적대감만 남는다. 살기가 번득인다.

그러나 그렇지 않은 진실한 정치인이나 공직자, 봉사자가 있어 위안으로 삼는다. 소금 같은 분들은 어디든 있기 마련이다. 국민들의 존경을 받는 사람들이다. 백성을 다스리는 사람은 스스로 어느 범주에 드는지 돌아볼 필요가 있다. 하지만 몇몇 소수를 제외하고는 그런 성찰 자체를 망각하고 살 것이다.

다산의 말처럼 인간은 교육과 독서가 없으면 현 상태도 유지하기 어렵다. 퇴보할 뿐이다. 국민과 언론은 국민에게 봉사해야 하는 정치인들을 지속적으로 교육시켜야 한다. 목민이 필요한 것이 아니라 목관이 필요하다. 더 중요한 것은 제도와 시스템이다. 국민이 바라는 것을 기득권 세력이 강고하게 기존의 제도를 통해 기득권을 유지하는 것을 바로잡을 수 있는 통로가 차단되어있는 것도 현실이다. 정치권력을 제어할 수 있는 또 다른 권력이 필요할지 모른다. 그러면 무엇으로 이를 해결할 수 있을까? 해결하기 쉽지 않은 불편한 희망에 불과한 것일까?

만년의 유배는 추방과 부유의 기간이면서도 아이러니하게 독립과 자유의 기간이다. 박탈과 배제, 분노와 회한은 스러지고 평정을 찾게 된다. 유배길 내내 따라다녔던 고심과 욕망의 편린은 이순耳順과 함께 자유를 향유한다. 무거운 공직의 멍에를 벗어나면 평생 안고 살았던 응어리를 풀게 되는 것이다. 그만큼 공직의 어려움을 말한다. 정치인들은 정치인대로 국민은 국민대로 각자의 삶과 자유를 희구한다. 인간은 행복을 좇는 것이 본능이다. 행복은 편안함과 제한된 자유에서 비롯된다. 진정한 자유란 없지만 구속에서 잠시라도 벗어날 수 있다는 것 자체가 중요하다. 그러한 자유는 내려놓음과 나눔을 실천할 때 더불어 사는 진정한 의미의 자유를 찾을 수 있다.

정민[78] 교수가 말하는 석복惜福을 소중히 음미해본다. 석복의 의미는 욕심을 내지 말라는 것이다. 작자 미상의 속복수전서續福壽全書의 첫장 제목이 석복[79]이란다. 물고 물리는 경쟁과 삶의 아귀다툼에서 서민은 아무런 관계가 없다. 권력자에게 이용당할 뿐이다. 권력자의 의미는 정치, 경제 권력자만 의미하는 것은 아니었다. 세상의 모든 관계에서 발생할 수 있는 권력 관계를 말한다. 권력은 자기중심적이다. 권력을 가진 자는 세상을 지배한다. 그 권력을 놓지 않으려 하는 것이 기득권이다. 그래서 권력을 가진 자는 그 권력이 크든 작든 날 선 검처럼 조심해서 다루어야 한다. 권력을 내려놓아야 비로소 자유가 시작된다. 대개의 관계가 수평적일 때 자유가 작동한다. 추사의 창덕궁 낙서재 현판의 유재와도 맞닿는다.

▦ 유재 현판 ⓒ제주 추사관

---

78) 현재 한양대 국문학과 교수로 한시로 읽는 다산의 유배일기인 『한밤중에 잠깨어』(문학동네, 2014), 『다산어록청상』(푸르메, 2007) 등의 저서가 있다.

79) 정민, 『석복』, 김영사, 2018, p.12.

유재는 추사의 제자인 남병길(1820~1869)의 호이지만 남김의 의미를 담고 있다. 유재에 딸린 추사의 글을 읽는다. 남김의 깊은 의미를 자연, 국가와 국민, 그리고 다음 세대를 위해 석복을 환기하였다.

留不盡之巧以還造化
留不盡之祿以還朝廷
留不盡之財以還百姓
留不盡之福以還子孫

기교를 다하지 않고 남겨 본래로 돌아가게 하고
녹봉을 다하지 않고 남겨 조정으로 돌아가게 하고
재물을 다하지 않고 남겨 백성에게 돌아가게 하고
내 복을 다하지 않고 남겨 자손에게 돌아가게 한다.

유재에 담긴 '남김을 둔다'는 추사의 글을 재해석할 수 있는 정민 교수의 석복을 음미한다.

석복은 복을 아낀다는 것이다.
옛사람은 이 말을 사랑했다.
아껴둔 복은 저축해 두었다가 함께 나눴다.

사물은 성대하면 반드시 쇠하게 된다.

현재 누리고 있는 복을 소중히 여기고

더욱 낮추는 검소한 태도가 필요하다.

절제를 모르고 끝장을 봐야 직성이 풀리는

세상에서 멈추고 덜어내는 석복의 뜻은 깊다.[80]

마지막으로 다산이 목민심서 서(序)에서 말한다.

성현들이 가신지 이미 오래고

그들의 말씀도 자취를 감추어 그 사회적 가치가 점차 흐려지니

지금의 정치인들은 오로지 제 이익만을 채우는 데만 급급하고

어떻게 국민에게 봉사해야 할지 모르고 있다.

이 때문에 국민은 파리하게 야위고,

궁핍해지고 병들어 쓰러져 도탄에 빠져있는데도

정치인들은 화려한 옷에 진수성찬으로 제 몸만 살찌우고 있으니

아, 이 어찌 슬프지 아니한가?

---

80) 정민, 『석복』, 김영사, 2018, 표지 글

그러나 서민들에게 주어져야 할 편안한 삶, 자유로운 삶이란, 법 없이도 살 수 있는 최소한의 권리가 지켜지고 부당하게 외부 권력으로부터 피해를 보지 않는 삶이어야 한다.

다만 하루하루 성실히 살아가는 국민들이 고맙고 아름답다. 정치는 국민을 편안하게 하는 것이라 하였다. 소시민이 편안하게 살아갈 수 있도록 권력을 가진 공직자는 늘 국민을 두려워해야 한다. 자격 미달의 공직자가 판을 치는 정치판이니 올곧은 정치인이 뜻을 펼치기에 중과부적이다. 그러나 세상을 개선해 나갈 수 있는 소중한 재야의 은둔자는 더러운 진창에 발을 담그지 않는 것보다 그 진창을 정화할 때까지 도전하고, 또 좌절하더라도 정치에 나서 맞부딪혀 주기를 국민은 기대한다. 국민의 정치 혐오를 어루만져 줄 수 있는 시스템을 갈망한다. 굳이 소시민은 직접 정치 공동체에 참여하지 않더라도 더 나은 세상, 정의로운 사회를 갈망한다. 그래서 시간이 걸리더라도 국가와 사회를 개선해 나갈 수 있기를 바라고 국민은 참고 참으며 기꺼이 기다릴 것이다.

이 모든 것이 순간이고 찰나임을 알게 되는 것은 일생 중 단 한 번뿐이다. 간접적으로 문득 깨닫고 실천하는 수많은 민초가 있다. 다산과 추사가 가졌던 이상이 세속적 욕망이라 치부해도 이상을 꿈꾸며 현실을 개혁하고 극복하고자 했던 한 가닥 희망의 끈을 이어 나가야 한다. 유배로 좌절되었던 세상을 수백 년을 지난 지금도 포기하지 말고 침묵하지 않고 개혁을 추구해 나가야 한다. 더 나은 사회는 권력자의 사회가 아닌 공동체의 사회가 되어야 한다. 이방인과 타자의 사회가 아닌 포용과 이타의 사회, 공격과 방어가 아닌 관용과 화해의 사회, 그것이 다산과 추사가 그토록 바랐던 사회였을 것이다. 그래야 품격 있는 국가와 사회가 될 수 있다.

평생을 다산 연구에 바친 박석무 선생께 꼭 두 번의 강의를 들었다. 그는 다산의 말을 인용하여 설파한다. "지극히 천하여 호소할 데도 없는 사람들이 일반 백성들이다. 그러나 산처럼 높고 무거운 힘을 지닌 사람들도 또한 일반 백성들이다. 백성들을 등에 업고 싸우는 사람들은 거의 굽히는 경우가 없다."

다산과 추사의 유배길에서 우리는 무엇을 찾아야 할까?

다산과 추사를 따라간 유배길

- 다산과 추사가 살아낸 유배생활 그 고단한 삶의 교집합을 탐구하다
ⓒ 2019, 김영환

지 은 이   김영환
초판1쇄발행   2019년 09월 07일
펴 낸 곳   호밀밭
펴 낸 이   장현정
편   집   박정오
디 자 인   정종우 storymerge
마 케 팅   최문섭
등   록   2008년 11월 12일(제338-2008-6호)
주   소   부산 수영구 광안해변로 294번길 24 B1F
전   화   070-7701-4675
팩   스   0505-510-4675
전 자 우 편   homilbooks@naver.com

Published in Korea by Homilbat Publishing Co, Busan.
Registration No. 338-2008-6.
First press export edition September, 2019.
Author Youngwhan Kim

ISBN   979-11-967748-4-4 03910